KB054217

독학 쉬운 베트남어
첫걸음

랭기지플러스

한국과 베트남은 1992년 외교 관계 수립 이후 지난 30년 동안 거의 모든 분야에 걸쳐 꾸준히 교류하며 양국 관계를 발전시켜 왔습니다. 수교 당시 5억 달러에 불과했던 교역 규모는 30년 후인 2021년에 160배가 넘는 870억 달러를 기록하며, 베트남은 한국의 3위 교역국이 되었고 한국은 베트남의 1위 투자국이 되었습니다. 또한 양국은 '포괄적 전략 동반자 관계'로 양국 관계를 격상하며 더욱더 지속적이고 견고한 협력 증진을 약속했습니다.

양국의 교류는 경제 분야 외에도 강력한 한류 열풍과 더불어 영화, 방송, 교육, 법률, 스포츠, 의료 등 이전에는 생각하지 못했던 다양한 분야로 이어졌고 앞으로도 더욱 확대될 전망입니다. 이러한 상황에서 활발한 교류와 협력의 매개이자 소통의 도구인 베트남어를 학습하고 베트남과 베트남 사람에 대한 이해를 높이는 것은 여러분에게 큰 장점이 될 수 있을 것입니다.

〈독학 쉬운 베트남어 첫걸음〉 이런 분들께 추천해 드립니다.
"일단 가장 기본적인 내용을 알고 베트남어로 한 마디라도 입을 때 보고 싶어요!"
"여러 번 시도했으나 실패했어요. 이제는 정말 책 한 권만이라도 끝내보고 싶어요!"

본 교재는 저자들이 고등학생, 대학생, 일반인 등 다양한 학습자를 대상으로 여러 교육 현장에서 쌓아 온 경험을 토대로 베트남어 기초 학습자들이 꼭 알아야 할 기본적이고 필수적인 내용만을 쉽고 간결하게 제시하여 부담 없이 완독할 수 있도록 만든 교재입니다. 유용한 어휘와 표현을 소개하고 문형 연습을 통해 반복 학습할 수 있도록 했습니다. 소개된 핵심 표현을 중심으로 실용적인 회화를 구성하고, 듣기, 말하기, 읽기, 쓰기 네 영역을 골고루 활용한 연습문제를 통해 학습한 내용을 정리·점검할 수 있도록 했습니다. 그리고 베트남 및 베트남 사람에 대한 이해를 돕고자 각 강의 주제와 관련된 문화 정보를 시각 자료와 함께 덧붙였습니다.

이 책을 펼치며 베트남어 공부를 시작하는 여러분의 너무나도 소중한 '지금 이 순간'을 응원합니다! 세 명의 저자가 머리를 맞대고 정성스럽게 엮은 본 교재가 부디 여러분이 베트남어를 학습하는 그 길에 환한 빛이 되어 줄 수 있기를 간절히 바랍니다.
여러분, 힘내세요! Cố lên! (파이팅!)

책의 출판을 위해 지원해 주신 랭기지플러스 엄태상 대표님과 권이준 편집장님, 교재 전체를 검토해 주신 응우옌 티 타잉 떰(Nguyễn Thị Thanh Tâm) 선생님, 늘 한결같은 마음으로 지켜봐 주시는 가족들에게 깊은 감사의 말을 전합니다.

저자 일동

이 책의 구성

예비단원

문자와 발음, 성조, 베트남 사람들의 호칭 등 베트남어를 본격적으로 공부하기에 앞서 기본적으로 알아야 할 내용을 알기 쉽게 정리해 놓았습니다. 제시된 여러 형태의 단어들을 쓰면서 문자, 기호, 성조 쓰기를 연습해 볼 수 있습니다.

본단원

핵심 표현 1, 2, 3

대화문에서 사용되는 핵심 표현과 문법을 총 3개의 대표 문장에 실어 소개하고 예문과 함께 이해하기 쉽게 설명해 놓았습니다. 또한 '닮은 듯 다른 한국어 – 베트남어'를 통해 양쪽 언어가 가진 비슷한 점과 다른 점을 비교·설명했으며, 'TIP'을 통해 추가로 알아두면 도움이 될 만한 관련 문법 사항도 소개했습니다. 마지막에 제시된 '표현 확인하기'를 통해 배운 표현과 문법을 바로 적용·확인해 볼 수 있습니다.

문형 연습 1, 2, 3 & 쓰기 노트

교체 연습을 통해 핵심 표현과 문법을 복습할 수 있도록 구성했습니다. 스스로 문형을 연습한 후 음성 파일을 통해 확인하며 말하기·듣기 연습을 할 수 있습니다. 핵심 표현에서 제시된 단어뿐만 아니라 추가로 소개된 활용도 높은 단어들을 통해 어휘력도 늘릴 수 있습니다. 함께 제시된 '쓰기 노트'에서 핵심 표현과 문형 연습에서 익힌 주요 단어들을 써 보며 다시 한번 확인할 수 있습니다.

대화문으로 익히기

실제 상황에서 일어날 수 있는 생생하고 자연스러운 대화로 구성했습니다. 대화문을 통해 앞에서 배운 표현과 문법 요소를 적용·확인하며 완벽하게 익힐 수 있습니다. 대화문에서 새롭게 제시된 관련 표현 및 문법 사항은 'TIP'을 통해 학습할 수 있으며, 회화 아래에 제시된 번역을 통해 대화문의 의미를 바로 확인할 수 있습니다.

연습문제

핵심 표현, 문형 연습, 대화문에서 배운 표현과 문법 요소들을 듣기, 읽기, 쓰기, 말하기 4영역으로 나누어 문항으로 구성했습니다. 빈칸 채우기, 문장 완성하기, 작문하기, 상황에 맞게 대화하기 등의 연습문제를 통해 학습자 스스로 배운 내용을 점검할 수 있습니다.

문화 탐방

해당 단원의 주제와 연관된 베트남 문화 내용을 다양한 사진 자료와 함께 소개해 베트남과 베트남 사람에 대한 이해를 높이고자 했습니다.

일러두기

일러두기에서는 여러분이 본 교재로 학습할 때 참고하실 수 있도록, 집필진이 교재 집필 시 적용했던 몇 가지 원칙을 알려 드립니다.

1 발음

베트남은 크게 북부, 중부, 남부의 세 지역으로 나뉘는데, 같은 철자이지만 발음 면에서 지역별로 약간의 차이가 있는 것들이 있어요. 세 지역 중에서, 수도 하노이(Hà Nội)가 위치한 북부 지역의 발음이 베트남 전역에서 소통하는 데 무리가 없기 때문에, 교재의 발음에 대한 설명 및 한글 독음, 음성 파일의 녹음 발음은 베트남 북부 지역의 발음을 따릅니다.

2 어휘 사용

우리말에서, '부추'가 방언으로 '솔'이나 '정구지'로도 불리듯이, 베트남어에서도 같은 뜻이지만 표현되는 어휘가 지역별로 다를 수 있어요. 본 교재는 베트남어 기초를 다루고 있으므로, 어휘 역시 발음과 마찬가지로 베트남 전역에서 소통하는 데 무리가 없는 북부 지역의 어휘를 사용합니다.

3 성조 표기

베트남어의 큰 특징 중의 하나인 성조는 모음의 위나 아래에 표시되는데요. 베트남 사람들의 언어 습관 등의 이유로, '일상생활 속(간판, 메뉴 등)' 어휘들의 성조 표기 위치가 '베-베 사전' 및 '베트남 교과서(초등학교~고등학교)' 어휘들의 성조 표기 위치와 다른 것들이 몇 개 있어요. 하지만 걱정하실 필요는 없어요. 이미 습관처럼 굳어진 것이기 때문에, 어느 것이 맞고 어느 것이 틀린 표현이라고는 말할 수 없답니다. 다만, 본 교재는 정확한 베트남어 학습을 목적으로 하고 있기 때문에, 성조 표기 기본 원칙에 따라 표기된 '베-베 사전' 및 '베트남 교과서' 어휘들의 성조와 동일하게 위치를 표기합니다.

4 독음

베트남어 문자는 몇 개를 제외하고 거의 모두 한글로 표현(독음)할 수 있어요. 본 교재도 중간 부분인 6과까지 독음을 달았답니다. 하지만 독음은 독음일 뿐, 실제 발음과 똑같다고 말할 수는 없어요. 독음은 참고만 하시고, 음성 파일에 녹음된 베트남 원어민의 실제 발음을 반복해서 듣고 큰 소리로 따라 하는 것이 베트남어 발음을 정확하게 하기 위한 가장 좋은 방법이라는 것을 꼭 기억해 주셨으면 합니다!

학습 구성표

주	날	단원	제목	학습 내용
1 주차	1일	**0**	예비단원	베트남어 문자와 발음
	2일	**0**	예비단원	베트남어 성조 베트남 사람들의 호칭
	3일	**0**	예비단원	단어 및 성조 연습
	4, 5일	**1과 인사**	Chào anh. 안녕하세요, 형/오빠	• Chào + 상대 호칭 • Cảm ơn + 상대 호칭
	6, 7일	**2과 안부**	Tôi khoẻ. 나는 건강해요.	• 문장의 기본 어순 • (có) + 동사/형용사 + không? • không + 동사/형용사
2 주차	8, 9일	**3과 소개**	Tôi là Se-mi. 나는 세미예요.	• là + 명사 • là + 명사, phải không? • không phải là + 명사
	10, 11일	**4과 이름, 국적**	Tên của tôi là Se-mi. 내 이름은 세미예요.	• 소유관계 của • 의문사 gì • 의문사 nào
	12, 13일	**5과 직업, 직장**	Tôi làm việc ở công ti HAVI. 나는 HAVI 회사에서 일해요.	• 의문사 gì • 의문사 đâu • 동사 + ở + 장소 명사
	14, 15일	**6과 가족**	Đây là anh trai của em. 이쪽은 제 오빠예요.	• 소개 표현 đây là ~ • 3인칭 ấy • 수량 의문사 bao nhiêu • 베트남어 숫자

주	날	단원	제목	학습 내용
3 주차	16일	7과 복습 (1과 ~ 6과)		
	17, 18일	8과 시간	Bây giờ là mấy giờ? 지금 몇 시예요?	• 수량 의문사 mấy • 시간 표현 lúc • 제안·청유 표현 nhé
	19, 20일	9과 날짜	Hôm nay là thứ Hai. 오늘은 월요일이에요.	• 날짜 표현 ngày, tháng, năm • 요일 표현 thứ 2, 3, 4,... • 의문사 bao giờ • 시제 표현 đã, đang, sẽ
	21, 22일	10과 날씨	Hôm nay, thời tiết thế nào? 오늘 날씨가 어때요?	• 의문사 thế nào • 비교 표현 A 형용사 hơn B • 의문사 vì sao
4 주차	23, 24일	11과 쇼핑	Cái này bao nhiêu tiền? 이거 얼마예요?	• 분류사 cái, con • 가능 표현 được không? • cho + 사람 + 명사
	25, 26일	12과 음식	Cho tôi một bát phở. 퍼 한 그릇 주세요.	• cho + 사람 + 동사 • 숫자 + 식기류 단위 명사 + 음식명 • 선택의문문 hay
	27, 28일	13과 이동	Anh thường đến công ti bằng gì? 형은/오빠는 보통 무엇으로 회사에 와요?	• ở + 위치 명사 + 장소 명사 • 수단 표현 bằng • 소요 시간 표현 mất bao lâu
	29일	14과 복습 (8과 ~ 13과)		

예비 단원

- 베트남어 문자와 발음
- 베트남어 성조
- 베트남 사람들의 호칭

1. 베트남어 문자와 발음

1 문자

베트남어 문자는 모두 29개로, 영어 알파벳의 문자 중 F, J, W, Z가 없고 Ă, Â, Đ, Ê, Ô, Ơ, Ư가 추가되어 있어요.

track P-01

대문자	소문자	명칭
A	a	a [아]
Ă	ă	á [아]
Â	â	ớ [어]
B	b	bê [베]
C	c	xê [쎄]
D	d	dê [제]
Đ	đ	đê [데]
E	e	e [애]
Ê	ê	ê [에]
G	g	giê [제]
H	h	hát [핟]
I	i	i (ngắn) [이 (응안)]
K	k	ca [까]
L	l	e-lờ [앨-러]
M	m	em-mờ [앰-머]

대문자	소문자	명칭
N	n	en-nờ [앤-너]
O	o	o ['오'와 '어'의 중간]
Ô	ô	ô [오]
Ơ	ơ	ơ [어]
P	p	pê [뻬]
Q	q	quy [뀌]
R	r	e-rờ [애-러]
S	s	ét-sì [앧-씨]
T	t	tê [떼]
U	u	u [우]
Ư	ư	ư [으]
V	v	vê [베]
X	x	ích-xì [익-씨]
Y	y	i (dài) [이 (자이)]

2 발음

베트남어는 문자마다 고유의 음가(발음)가 있어서 일정한 소리를 내지만 일부 예외적인 경우도 있어요. 아래 발음은 기억하기 편하게 우리말에서 가장 비슷한 소리의 문자로 표기한 것이에요. 정확하게 발음하기 위해서는 반드시 원어민의 발음을 들으면서 익혀야 해요!

1) 모음

track P-02

a	한국어의 [아]와 비슷합니다.	**xa** [싸] 멀다
ă	한국어의 [아]와 비슷하지만 a보다 짧게 발음합니다.	**ăn** [안] 먹다
â	한국어의 [어]와 비슷하지만 ơ보다 짧게 발음합니다.	**sân** [썬] 마당
e	한국어의 [애]와 비슷합니다.	**xe** [쌔] 차
ê	한국어의 [에]와 비슷합니다.	**dê** [제] 염소
i	한국어의 [이]와 비슷합니다.	**in** [인] 인쇄하다
o	한국어에 없는 발음으로 [오]와 [어]의 중간 발음입니다.	**to** [또] 크다
ô	한국어의 [오]와 비슷합니다.	**tôm** [똠] 새우
ơ	한국어의 [어]와 비슷합니다.	**mơ** [머] 꿈꾸다
u	한국어의 [우]와 비슷합니다.	**khu** [쿠] 구역
ư	한국어의 [으]와 비슷합니다.	**thư** [트] 편지
y	한국어의 [이]와 비슷합니다.	**tay** [따이] 손, 팔

기 억 하 세 요

'i, u, ư + a'에서만 a를 [어]로 발음하고, qua는 예외적으로 [아]로 발음해서 [꽈]가 돼요!

ia	한국어의 [이어]와 비슷합니다.	**kia** [끼어O 끼아X] 저, 저것
ua	한국어의 [우어]와 비슷합니다.	**vua** [부어O 부아X] 왕
ưa	한국어의 [으어]와 비슷합니다.	**trưa** [쯔어O 쯔아X] 낮, 점심

예비 단원 • 13

2) 자음

track P-03

b	한국어의 [ㅂ]과 비슷합니다.	**ba** [바] 3
c	한국어의 [ㄲ]과 비슷합니다.	**cô** [꼬] 고모, 여선생님
ch	한국어의 [ㅉ]과 비슷합니다.	**cho** [쪼] 주다, ~에게
d	한국어의 [ㅈ]과 비슷합니다.	**dao** [자오] 칼
đ	한국어의 [ㄷ]과 비슷합니다.	**đau** [다우] 아프다
g	한국어의 [ㄱ]과 비슷합니다.	**ga** [가] 역
gh	한국어의 [ㄱ]과 비슷합니다.	**ghi** [기] 기록하다
gi	한국어의 [지]와 비슷합니다.	**giao** [자오] 배달하다
h	한국어의 [ㅎ]과 비슷합니다.	**ho** [호] 기침하다
k	한국어의 [ㄲ]과 비슷합니다.	**kí** [끼] 서명하다
kh	한국어의 [ㅋ]과 비슷합니다.	**khay** [카이] 쟁반
l	한국어의 [ㄹ]과 비슷합니다.	**lâu** [러우] 오래
m	한국어의 [ㅁ]과 비슷합니다.	**mua** [무어] 사다
n	한국어의 [ㄴ]과 비슷합니다.	**no** [노] 배부르다
ng	한국어의 [응]과 비슷합니다.	**ngon** [응온] 맛있다
ngh	한국어의 [응]과 비슷합니다.	**nghe** [응애] 듣다
nh	한국어의 [니]와 비슷합니다.	**nhau** [냐우] 서로
p	한국어의 [ㅃ]과 비슷합니다.	**piano** [삐아노] 피아노
ph	한국어에 없는 발음입니다. 영어의 [f]와 비슷합니다.	**phim** [핌] 영화
q	한국어의 [ㄲ]과 비슷합니다.	**quê** [꿰] 고향
r	한국어의 [ㅈ]과 비슷합니다.	**rau** [자우] 채소
s	한국어의 [ㅆ]과 비슷합니다.	**sao** [싸오] 별
t	한국어의 [ㄸ]과 비슷합니다.	**tôi** [또이] 나
th	한국어의 [ㅌ]과 비슷합니다.	**thi** [티] 시험보다
tr	한국어의 [ㅉ]과 비슷합니다.	**trai** [짜이] 남자
v	한국어에 없는 발음입니다. 영어의 [v]와 비슷합니다.	**vui** [부이] 기쁘다
x	한국어의 [ㅆ]과 비슷합니다.	**xưa** [쓰어] 옛날

첫자음(한국어의 초성) 발음 시 참고사항

track P-04

◖ 첫자음 c, k, q의 발음은 [ㄲ]으로 같아요. 다만, 뒤에 결합하는 모음이 달라요.

c + a, ă, â, ô, o, ơ, u, ư	**cân** [껀] kg
k + e, ê, i	**kem** [깸] 아이스크림
q + u (반모음)	**quên** [꿴] 잊다

◖ 첫자음 g, gh의 발음은 [ㄱ]로 같아요. 다만, 뒤에 결합하는 모음이 달라요.

g + a, ă, â, ô, o, ơ, u, ư	**gà** [가] 닭
gh + e, ê, i	**ghế** [게] 의자

◖ 첫자음 ng, ngh의 발음은 [응]으로 같아요. 다만, 뒤에 결합하는 모음이 달라요.

ng + a, ă, â, ô, o, ơ, u, ư	**ngay** [응아이] 바로, 즉시
ngh + e, ê, i	**nghề** [응에] 일, 직업

◖ 북부에서는 첫자음 d, gi, r의 발음이 [ㅈ]으로 같아요.

dưa [즈어] 멜론　　**giá** [자] 가격　　**ra** [자] 나가다

◖ 북부에서는 첫자음 s, x의 발음이 [ㅆ]으로 같아요.

sai [싸이] 틀리다　　**xem** [쌤] 보다

◖ 북부에서는 첫자음 ch, tr의 발음이 [ㅉ]으로 같아요.

chơi [쩌이] 놀다　　**trên** [쩬] 위

끝자음(한국어의 받침)

자음 중에서 다음 8개는 끝자음으로도 쓰여요. 첫자음으로 쓰일 때와 발음이 달라지는 것도 있으니 유의해서 보세요.

c	한국어의 [ㄱ]과 비슷합니다.	**bác** [박] 큰아버지, 큰어머니
ch	한국어의 [익]과 비슷합니다.	**kịch** [끽] 연극
nh	한국어의 [잉]과 비슷합니다.	**canh** [까잉] 국
ng	한국어의 [ㅇ]과 비슷합니다.	**lưng** [릉] 등, 허리
m	한국어의 [ㅁ]과 비슷합니다.	**cam** [깜] 오렌지
n	한국어의 [ㄴ]과 비슷합니다.	**đen** [댄] 검다
p	한국어의 [ㅂ]과 비슷합니다.	**đẹp** [댑] 아름답다
t	한국어의 [ㄷ]와 비슷합니다.	**hát** [핟] 노래하다

끝자음 발음 시 참고사항

◀ **모음 o, ô, u + c**

끝자음 c 앞에 모음 o, ô, u가 오면 c를 받침 ㄱ으로 발음한 후 입을 닫아 ㅂ으로 끝나는 것처럼 발음해요.

học [혹ㅂ] 공부하다   **chúc** [쭉ㅂ] 기원하다

◀ **모음 o, ô, u + ng**

끝자음 ng 앞에 모음 o, ô, u가 오면 ng를 받침 ㅇ으로 발음한 후 입을 닫아 ㅁ으로 끝나는 것처럼 발음해요.

ông [옹ㅁ] 할아버지   **mong** [몽ㅁ] 바라다

첫자음과 끝자음으로 둘 다 쓰이는 자음을 정리하면 다음과 같아요.

c	**các** [깍] ~들(복수 표현)
ch	**chích** [찍] (바늘 따위로) 찌르다
nh	**sinh nhật** [씽 녓] 생일
ng	**ngân hàng** [응언 항] 은행
m	**mồm** [몸] 입
n	**nón** [논] 베트남 전통 모자
p	**pin** [삔] 건전지, **gặp** [갑] 만나다
t	**tất** [떧] 양말

2. 성조

track P-08

베트남어는 6개의 성조가 있고, 단어의 모음(모음이 여러 개일 때는 중심 모음)의 위나 아래에 표시해요. 철자가 같아도 성조가 다르면 의미가 달라지기 때문에 철자와 성조를 꼭 함께 기억해야 해요!

표기	이름	발음 방법	예
없음	**không dấu** [콩 저우] (평성)	시작음에서 변화 없이 평평하게 발음해요.	**ma** [마] 귀신
´	**dấu sắc** [저우 싹]	위로 급속히 올려요.	**má** [마] 어머니
`	**dấu huyền** [저우 후옌]	부드럽게 내려요.	**mà** [마] 그러나
?	**dấu hỏi** [저우 호이]	힘있게 내리다가 끝을 약간 올려요.	**mả** [마] 무덤
~	**dấu ngã** [저우 응아]	꺾으면서 올려요.	**mã** [마] 말
.	**dấu nặng** [저우 낭]	끊어 주듯이 짧게 내려요.	**mạ** [마] 벼

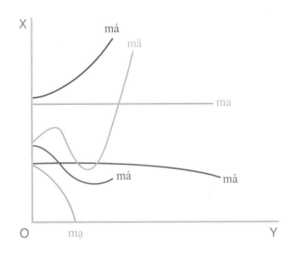

＊이것은 성조 발음 연습을 돕기 위한 표일 뿐이에요. 실제로 얼마나 높고 낮게 발음하는지를 그림으로 정확하게 표현하기는 힘들어요. 원어민의 발음을 반복해서 듣고 따라 하며 연습하는 것이 성조 익히기의 가장 좋은 방법이에요!

• OX : 성조의 고저 정도
• OY : 성조의 장단 정도

성조 쓰기

성조	위치	쓰는 방법	연습하기		
´	모음 위	오른쪽 위에서 왼쪽 아래로 내려요.	↓↑	á	má
`	모음 위	왼쪽 위에서 오른쪽 아래로 내려요.	↘↓	à	mà
?	모음 위	물음표의 윗부분을 그려요.	↷	ả	mả
~	모음 위	왼쪽에서 오른쪽으로 물결 모양을 그려요.	≈↗	ã	mã
.	모음 아래	마침표처럼 점을 찍어요.	•	ạ	mạ

참 고 하 세 요

'˘' 또는 'ˆ' 기호가 있는 모음에 성조를 표시할 때는, 모음을 먼저 쓴 다음 기호를 쓰고 그 위 (또는 아래)에 성조를 표시하면 돼요.

ắ	a → ă → ắ	a → ă → ắ	ắ
ẩ	a → â → ẩ	a → â → ẩ	ẩ
ề	e → ê → ề	e → ê → ề	ề
ỗ	o → ô → ỗ	o → ô → ỗ	ỗ
ộ	o → ô → ộ	o → ô → ộ	ộ

한자어 유래 단어

'같은 철자인데 성조마다 뜻이 다르다니... 그 많은 단어를 어떻게 다 외우나...' 하셨나요?

모든 단어마다 6개의 성조가 있는 것은 아니니까 너무 걱정하지 마세요. ^^

유용한 단어 학습 방법을 하나 알려 드릴게요! 중국의 지배를 오랫동안 받았던 베트남 역시 한자문화권이었기 때문에 우리말과 마찬가지로 한자에서 유래한 단어가 상당히 많아요. 그래서 베트남어 단어를 발음해보면 로마자화된 알파벳임에도 불구하고 우리말과 발음이 비슷한 단어들이 꽤 많아요.

그럼 직접 한번 확인해 볼까요? 발음과 그림을 참고해서 무슨 의미일지 추측해 보세요!

track P-09

sa mạc
[싸 막]

học sinh
[혹 씽]

Hàn Quốc
[한 꿕]

xuân
[쑤언]

hạ
[하]

thu
[투]

đông
[동]

금방 알아채셨지요? 네, 맞아요. 정답은 '사막, 학생, 한국, 춘하추동'입니다. học sinh[혹 씽]의 học[혹]은 '배울 학(學)'이에요. đại học[다이 혹](대학), hoá học[화 혹](화학)처럼 học이 들어간 다른 단어들의 의미도 유추해 볼 수 있겠지요?

3. 베트남 사람들의 호칭

호칭의 특징과 역할

1. 성별, 나이, 자신과 상대방 간의 관계 및 친밀도 등에 따라 서로의 호칭이 정해져요.

2. 동료나 주변 사람들과도 형/오빠, 누나/언니, 동생, 큰아버지, 고모, 조카 등 가족이나 친척에게 사용하는 구체적인 호칭으로 자신과 상대방을 지칭해요.

3. 호칭을 통해 서로의 관계 및 존댓말, 반말이 자연스럽게 나타나므로 호칭을 생략하지 않고 명확히 사용해요.

4. 호칭을 정해야 하므로 초면이라도 나이를 묻는 것이 실례가 되지 않아요.

tôi[또이] – 관계성이 배제된 독립적 1인칭 '나'

1. 일상 대화에서는 거의 사용하지 않아요.

2. 초면이거나 얼굴만 아는 정도의 친분이 있는 경우, 또는 공식적인 석상에서 자신을 지칭할 때 사용해요.

3. 자신을 tôi라고 칭할 때, 비슷한 연령대의 상대방은 남자면 anh[아잉](형/오빠), 여자면 chị[찌](누나/언니)로 호칭해요. 자신보다 나이가 조금 많아 보이든, 조금 적어 보이든 우선 예의를 갖추는 거예요.

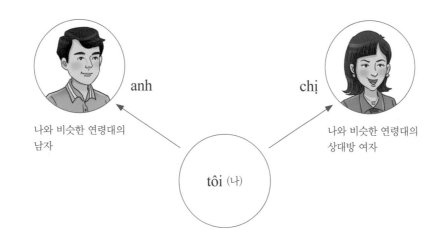

anh
나와 비슷한 연령대의
남자

chị
나와 비슷한 연령대의
상대방 여자

tôi (나)

실제 대화 예시

track P-10

본 교재의 등장인물 세미(여/32세)와 남자 동료 Tuấn[뚜언](남/37세)의 안부 인사 대화를 통해 두 사람의 호칭 변화를 비교해 보세요! 대화문은 본문에서 자세히 다룰 거예요.

◀ 친분이 있기 전

세미
짜오   아잉
Chào anh.   안녕하세요 오빠.

뚜언
짜오   찌   찌   쾌   콩
Chào chị. Chị khoẻ không?   안녕하세요 누나. 누나는 건강하세요?

세미
벙   또이   쾌
Vâng, tôi khoẻ.   네, 나는 건강해요.

◀ 친분이 쌓인 후

세미
짜오   아잉
Chào anh.   안녕하세요 오빠.

뚜언
짜오   앰   앰   쾌   콩
Chào em. Em khoẻ không?   안녕 동생. 동생은 건강해?

세미
벙   앰   쾌
Vâng, em khoẻ.   네, 동생은 건강해요.

단어 및 성조 연습

- 베트남어 단어는 한 음절, 두 음절 또는 세 음절로 이루어져 있습니다.
- 두 음절 이상으로 이루어진 단어는 음절의 성조가 같을 수도, 다를 수도 있습니다.
- 단어는 문자 → 기호→ 성조의 순서로 쓰면 됩니다.

여러 형태의 단어들을 성조에 유의하여 쓰고 따라 읽어 보세요.

track P-11

1) 한 음절 단어

chào [짜오] 인사하다	ch → a → o → `	chao → chào
chào chào		

ăn [안] 먹다	a → n → ⌣	an → ăn
ăn ăn		

phở [퍼] 쌀국수	ph → o → ʼ → ̉	pho → phơ → phở
phở phở		

bữa [브어] 끼니, 식사	b → u → a → ʼ → ~	bua → bưa → bữa
bữa bữa		

tuổi [뚜오이] 나이	t → u → o → i → ^ → ̉	tuoi → tuôi → tuổi
tuổi tuổi		

ảnh [아잉] 사진	a → nh → ˀ	anh → ảnh
ảnh ảnh		

mặc [막] 입다	m → a → c → ⌣ → .	mac → mặc → mặc
mặc mặc		

biết [비엘] 알다	b → i → e → t → ^ → ′	biet → biêt → biết
biết biết		

giận [전] 화나다	gi → a → n → ^ → .	gian → giân → giận
giận giận		

khuyên [쿠옌] 충고하다	kh → u → y → e → n → ^	khuyen → khuyên
khuyên khuyên		

trường [쯔엉] 학교	tr → u → o → ng → ˀ → ′ → `	truong → trương → trường
trường trường		

2) 두 음절 단어 – 성조가 같은 경우

track P-12

hôm nay [홈 나이] 오늘	hôm nay	hôm nay
công viên [꽁 비엔] 공원	công viên	công viên
nón lá [논 라] 베트남 전통 모자	nón lá	nón lá
bóng đá [봉 다] 축구	bóng đá	bóng đá
giám đốc [잠 독] 사장	giám đốc	giám đốc
mùa hè [무어 해] 여름	mùa hè	mùa hè
hoà bình [화 빙] 평화	hoà bình	hoà bình
nhà hàng [냐 항] 식당	nhà hàng	nhà hàng

hải sản [하이 산] 해산물	hải sản	hải sản
thỉnh thoảng [팅 퇑] 가끔	thỉnh thoảng	thỉnh thoảng
cửa sổ [끄어 쏘] 창문	cửa sổ	cửa sổ
mãi mãi [마이 마이] 영원히	mãi mãi	mãi mãi
miễn cưỡng [미엔 끄엉] 억지로	miễn cưỡng	miễn cưỡng
đại học [다이 혹] 대학	đại học	đại học
điện thoại [디엔 톼이] 전화	điện thoại	điện thoại
đặc biệt [닥 비엩] 특히	đặc biệt	đặc biệt

3) 두 음절, 세 음절 단어 - 성조가 다른 경우

track P-13

cà phê [까 페] 커피	cà phê	cà phê
xe máy [쌔 마이] 오토바이	xe máy	xe máy
áo dài [아오 자이] 아오자이 (베트남 전통 의상)	áo dài	áo dài
bún chả [분 짜] 분짜(베트남 음식)	bún chả	bún chả
du lịch [주 릭] 여행	du lịch	du lịch
đồng ý [동 이] 동의하다	đồng ý	đồng ý
hạnh phúc [하잉 푹] 행복하다	hạnh phúc	hạnh phúc
lãng mạn [랑 만] 낭만적이다	lãng mạn	lãng mạn

chuẩn bị [쭈언 비] 준비하다	chuẩn bị	chuẩn bị
cảm ơn [깜 언] 고마워	cảm ơn	cảm ơn
ca sĩ [까 씨] 가수	ca sĩ	ca sĩ
bây giờ [버이 저] 지금	bây giờ	bây giờ
áo sơ mi [아오 써 미] 셔츠	áo sơ mi	áo sơ mi
sân vận động [썬 번 동] 운동장	sân vận động	sân vận động
tập thể dục [떱 테 죽] 운동하다	tập thể dục	tập thể dục
máy vi tính [마이 비 띵] 컴퓨터	máy vi tính	máy vi tính

세미 32세 **Se-mi**

베트남에 파견 근무 중인
'HAVI' 회사의 한국인 여자 직원.

회사 'HAVI'는 베트남에 지사가 있다.

뚜언 37세 **Tuấn**

베트남에 있는 'HAVI' 회사의
베트남 남자 직원.

세미의 베트남 지사 직장 동료

짱 28세 **Trang**

베트남에 있는 'HAVI' 회사의
베트남 여자 직원.

세미의 베트남 지사 직장 동료

밍 30세 **Minh**

한국에 근무 중인
'HAVI' 회사의 베트남 남자 직원.

한국에서 직장 동료 세미의 베트남어 공부를
도와줬다.

톰 31세 **Tom**

베트남에서 세미와 같이
베트남어를 배우는 어학당 친구.

미국 출신으로 은행에서 근무하고 있다.

1

인사

안녕하세요,
형/오빠.

Chào anh.

핵심 표현

Chào anh.
안녕하세요, 형/오빠.

Tạm biệt em.
잘 가 / 잘 있어, 동생.

Cảm ơn ông ạ.
감사합니다, 할아버지.

핵심 문법

- **인사 표현**
  Chào + 상대 호칭 (안녕하세요, 상대)

- **감사 표현**
  Cảm ơn + 상대 호칭 (감사합니다, 상대)

track 1-01

짜오 아잉
Chào anh. 안녕하세요, 형/오빠.
안녕 형/오빠

Chào **+** 상대방 호칭

안녕(하세요), 상대

chào(인사하다)는 베트남어 인사 표현으로, 'Chào + 상대방 호칭'(안녕(하세요), 상대)으로 사용해요. 오전, 오후 등의 시간대를 구분하지 않고, 만날 때와 헤어질 때 모두 사용할 수 있어서, "안녕하세요", "안녕히 가세요", "안녕히 계세요"의 의미가 다 있어요. 만약 형/오빠인 상대방을 만났거나 헤어질 때는 anh(형/오빠)을 넣어 Chào anh으로 인사하면 된답니다.

표현 익히기

짜오 찌
① **Chào chị.** 안녕하세요(안녕히 가세요, 안녕히 계세요), 누나/언니.
안녕 누나/언니

짜오 앰
② **Chào em.** 안녕, 동생.
안녕 동생

표현 확인하기

① **Chào** _____. 안녕하세요 누나/언니.

② _____. 안녕, 동생.

TIP

"Xin chào[씬 짜오]." "어, 나 이거 들어 봤는데."하시는 분들 있을 것 같은데요. ^^ xin은 정중한 표현으로, "Xin chào."는 "안녕하십니까."에 해당하는 예의 바른 인사 표현이에요. 하지만 정작 베트남 사람들은 "안녕하세요, 형 / 안녕하세요, 언니"처럼 상대 호칭을 사용해서 정감 있는 인사를 한답니다.

스스로 문형을 연습한 후 음성 파일을 통해 확인하세요.

 track 1-02

Chào anh.

① chị

② em

③ ông

④ bà

⑤ bác

⑥ cháu

• ông 옹 할아버지
• bà 바 할머니
• bác 박 큰아버지, 큰어머니
• cháu 짜우 손주, 조카

🌙 쓰기 노트

chào   chào
_____

chị   chị
_____

ông   ông
_____

bà   bà
_____

bác   bác
_____

cháu   cháu
_____

🎧 track 1-03

^땀 ^{비엗} ^앰
Tạm biệt em.   잘 가 / 잘 있어, 동생.
잘 가/잘 있어   동생

Tạm biệt ＋ 상대방 호칭

잘 가(요) / 잘 있어(요), 상대

chào는 만날 때와 헤어질 때 모두 사용하지만 tạm biệt은 '작별하다'라는 뜻으로, 'Tạm biệt + 상대방 호칭'은 헤어질 때만 사용하는 인사 표현이에요. 따라서 "잘 가요, 잘 있어요"라는 작별 인사의 의미만 있어요. 만약 동생에게 작별 인사를 하고 싶다면 Tạm biệt em으로 표현하면 되겠지요.

표현 익히기

^땀 ^{비엗} ^{아잉}
① **Tạm biệt anh.** 잘 가요/잘 있어요, 형/오빠.
  잘 가요/잘 있어요 형/오빠

^땀 ^{비엗} ^앰
② **Tạm biệt em.** 잘 가/잘 있어, 동생.
  잘 가/잘 있어 동생

표현 확인하기

① _____ **em.** 잘 가(잘 있어), 동생.

② _____. 잘 가요(잘 있어요), 형/오빠.

TIP

베트남어의 호칭은 화자와 청자 간의 나이 및 관계에 따라 정해지기 때문에 인사말만 들어도 두 사람의 관계를 추측해 볼 수 있는데요. 예를 들어, "A : Chào chị. B : Chào em"으로 인사하는 두 사람은 '누나(언니)와 동생'의 관계임을 알 수 있답니다.

스스로 문형을 연습한 후 음성 파일을 통해 확인하세요.

🎧 track 1-04

Tạm biệt em.

① Tạm biệt   anh
② Tạm biệt   chị
③ Tạm biệt   chú
④ Chào   cô
⑤ Chào   cháu
⑥ Chào   bạn

• chú 쭈 작은아버지
• cô 꼬 고모
• bạn 반 친구

🔵 쓰기 노트

tạm biệt   tạm biệt

anh   anh

em   em

chú   chú

cô   cô

bạn   bạn

🎧 track 1-05

깜 언 옹 아
Cảm ơn ông ạ. 감사합니다, 할아버지.
감사하다 할아버지 정중한 표현

┌─────────┐   ┌─────────┐   ┌─────────┐
│ Cảm ơn │ ➕   │ 상대방 호칭 │ ➕   │   ạ   │
└─────────┘   └─────────┘   └─────────┘

감사합니다, 상대

감사 인사는 cảm ơn(감사하다)을 사용해서 'Cảm ơn + 상대방 호칭'(감사해요, 상대)으로 표현해요. 이에 대한 응대 표현은 Không có gì(천만에요)예요. 그리고 문장 끝에 ạ를 쓰면 정중한 표현이 됩니다. 만약 할아버지에게 정중하게 감사함을 표현하고 싶다면 Cảm ơn ông ạ라고 말하면 돼요.

TIP

cảm ơn은 한자어에서 유래했어요. cảm은 '느낄 감(感)', ơn은 '은혜 은(恩)'이에요. 성조가 다른 cám ơn으로도 써요. 미안함을 표현할 때는 xin lỗi(미안하다, 실례하다)를 사용해서 'Xin lỗi + 상대방 호칭'(미안해요, 상대)으로 말하고, Không sao(괜찮아요)로 응대해요.

◖ **표현 익히기**

깜 언 앰
① A **Cảm ơn em.** 고마워, 동생.
감사하다 동생

콩 꼬 지 아
B **Không có gì ạ.** 천만에요.
천만에 정중한 표현

씬 로이 아잉 아
② A **Xin lỗi anh ạ.** 미안해요, 형/오빠.
미안하다 형/오빠 정중한 표현

콩 싸오
B **Không sao.** 괜찮아.
괜찮다

◖ **표현 확인하기**

① A _____ **em.** 고마워, 동생.

B _____ **ạ.** 천만에요.

② A _____ **anh ạ.** 미안해요, 형/오빠.

B _____ **.** 괜찮아.

🎧 track 1-06

Cảm ơn bạn.

① Cảm ơn   anh
② Xin lỗi   chị
③ Cảm ơn   em
④ Xin lỗi   ông
⑤ Cảm ơn   cháu
⑥ Xin lỗi   bà

◖ 쓰기 노트

cảm ơn	cảm ơn
không có gì	không có gì
xin lỗi	xin lỗi
không sao	không sao
ạ	ạ

대화문으로 익히기

🎧 track 1-07

직장인 세미(Se-mi)는 베트남 지사로 발령을 받아서 곧 베트남으로 떠납니다. 가기 전에 직장 후배인 밍(Minh)과 베트남어로 다양한 인사말을 연습합니다.

짜오 앰
Chào em.

땀 비엗 앰
Tạm biệt em.

짜오 찌
Chào chị.

땀 비엗 찌
Tạm biệt chị.

깜 언 앰
Cám ơn em.

씬 로이 앰
Xin lỗi em.

콩 꼬 지아
Không có gì ạ.

콩 싸오 아
Không sao ạ.

세미	안녕, 동생.	세미	잘 가(잘 있어), 동생.
밍	안녕하세요, 누나.	밍	잘 가요(잘 있어요), 누나

세미	고마워, 동생.	세미	미안해, 동생.
밍	천만에요.	밍	괜찮아요.

🎧 track 1-08

듣기 잘 듣고 빈칸을 채워 보세요.

1. Chào _____.

2. _____ em.

3. Cám ơn _____.

읽기 다음 문장을 듣고 발음과 성조에 주의하여 읽어 보세요.

1. Chào cháu.
2. Tạm biệt chị.
3. Không sao.

쓰기 1. 다음 낱말을 어순에 맞게 배열하여 문장을 완성해 보세요.

① anh / chào

_____.

② cháu / tạm biệt

_____.

③ ạ / bà / cảm ơn

_____.

2. 다음 문장을 베트남어로 써 보세요.

① 안녕하세요, 고모.

_____

② 잘 가/잘 있어, 친구.

_____

③ 미안해, 조카/손주.

_____

연습문제 2

스스로 말하기 연습을 한 후 음성 파일을 통해 확인하세요.

🎧 track 1-09

 그림을 보고 상황에 맞게 대화해 보세요.

Chào em.

① _____.

A 안녕, 동생.

B 안녕하세요, 누나.

Tạm biệt em.

② _____.

A 잘 가, 동생.

B 잘 가요, 누나.

베트남 문화는
정감의 문화!

인사말만큼 그 나라의 문화와 정서를 잘 나타내는 표현이 있을까요? 베트남 문화는 한마디로 정감의 문화랍니다. 베트남어로 정감을 'tình cảm(띵 깜)'이라고 하는데요, 베트남 사람들은 이 tình cảm을 매우 중요시하지요. 베트남어 인사말에 베트남 사람들의 tình cảm이 그대로 나타나 있어요. 아무런 친족 관계가 없는 사람들한테도 할아버지, 할머니, 큰아버지, 작은아버지, 고모, 이모, 형, 누나, 동생, 조카… 마치 한집안 식구처럼 부르면서 인사를 한답니다.

호칭을 잘 부르지 않는 우리와는 다를까요? 아니에요, 우리도 '안녕하세요!'보다는 '안녕하세요 형!'이라고 인사하면 훨씬 정감 있잖아요. 길거리에서 '아저씨, 지금 몇 시예요?'라고 물을 때, '아저씨'란 아버지와 같은 항렬의 남자를 정겹게 부르는 것 아니겠어요? 대학생들에게 물어봤어요. 친족 관계가 아닌데, 혹시 고모, 이모라고 부르는 경우가

없냐고요. 그랬더니, 식당 같은 곳에서 주인아주머니에게 '이모, 여기 반찬 더 주세요' 이렇게 얘기한다고 하더군요. 영어로 '나'는 I, '너'는 you라고 하는 것과는 완전히 다르네요. 이렇게 보니 우리나라도 베트남처럼 tình cảm을 중요시하네요.

베트남어 인사말은 상대의 호칭을 붙이기 때문에 상대를 만나면 빠르게 한 번 훑어보는 동시에 재빨리 분석을 하고 호칭을 정하는 거죠. 얼마나 순발력이 빠른지 상상이 가시나요? 그래도 상대를 직접 볼 수 있으면 다행이에요. 전화통화 시에는 '여보세요'라는 'alô[알로]' 한마디로 호칭을 정해야 한답니다. 남녀가 처음에 chi(누나)와 em(동생)으로 만났어도 후에 애인이나 부부 사이로 발전하면 어느새 호칭도 anh(오빠), em(동생)으로 바뀌어 버리죠. 상황, 관계와 더불어 변화무쌍한 호칭! 수천 년 동안의 외침과 식민 지배 속에서도 결국은 독립을 지켜낸 베트남인들의 민족적 기질을 유연한 적응력이라고 하는데요, 인사말에서부터 단련된 것이겠죠.

2
안부

나는 건강해요.
Tôi khoẻ.

핵심 표현

Tôi khoẻ.
나는 건강해요.

Chị có khoẻ không?
누나는 건강해요?

Tôi không khoẻ.
나는 건강하지 않아요.

핵심 문법

- **문장의 기본 어순**
  주어 + 서술어 (+ 목적어)

- **의문 표현**
  (có) + 동사/형용사 + không? (~해요?)

- **부정 표현**
  không + 동사/형용사 (~하지 않아요)

🎧 track 2-01

또이   쾌
Tôi khoẻ.   나는 건강해요.
나   건강하다

| 주어 | **+** | 동사/형용사 |

주어는 ~해요

주어의 행동이나 상태를 나타낼 때 사용해요. 그래서 자신의 긍정 안부를 전할 때는 tôi(나), khoẻ(건강하다)를 넣어 Tôi khoẻ. (나는 건강해요/잘 지내요.)로 말하면 돼요.

닮은 듯 다른 한국어 – 베트남어 〈2〉

문장의 기본 어순

1. 주어와 서술어만 있는 경우: 한국어와 베트남어 모두 '주어 + 서술어'

2. 주어, 서술어, 목적어가 있는 경우

- 한국어: '주어 + 목적어 + 서술어'
- 베트남어: '주어 + 서술어 + 목적어'

   예 나는 / 밥을 / 먹어요.

   예   또이   안(먹다)   껌
 Tôi(나) / ăn(먹다) / cơm(밥). 나는 밥을 먹어요
 나는   먹어요   밥을

🔵 표현 익히기

앰   디
① **Em đi.** 저는 가요.
저   가다

또이   틱   짜
② **Tôi thích trà.** 나는 차를 좋아해요.
나   좋아하다   차

🔵 표현 확인하기

① **Em _____.** 저는 가요.

② **Tôi _____ trà.** 나는 차를 좋아해요.

track 2-02

Tôi khoẻ.

① bận
② hạnh phúc
③ đi
④ ăn cơm
⑤ xem phim
⑥ thích cà phê

- bận 번 바쁘다
- hạnh phúc 하잉 푹 행복하다
- xem 쌤 보다
- phim 핌 영화
- cà phê 까 페 커피

🔊 쓰기 노트

khoẻ	khoẻ
bận	bận
hạnh phúc	hạnh phúc
xem	xem
phim	phim
cà phê	cà phê

🎧 track 2-03

찌 (꼬) 쾌 콩
Chị (có) khoẻ không? 누나는 건강해요?
누나/언니 의문문 건강하다 ~해요?
만드는 요소

주어 **+** (có) **+** 동사/형용사 **+** không?

주어는 ~해요?

'주어 + 동사/형용사'를 의문문으로 만들 때는 의문 표현 '(có) ~ không?'을 활용해요. 이때, có는 생략 가능해요. 그래서 누나/언니에게 안부를 물을 때는 chị(누나/언니), khoẻ(건강하다)를 넣어 Chị (có) khoẻ không? (누나/언니는 건강해요?)으로 말하면 돼요.

표현 익히기

란 (꼬) 댑 콩
① **Lan (có) đẹp không?**
란 아름답다 ~해요?
란은 아름다워요?

앰 (꼬) 디 콩
② **Em (có) đi không?**
너 가다 ~해?
너는 가니?

아잉 (꼬) 틱 짜 콩
③ **Anh (có) thích trà không?**
형/오빠 좋아하다 차 ~해요?
형은/오빠는 차를 좋아해요?

표현 확인하기

① **Lan _____ đẹp _____?**
란은 아름다워요?

② **Em (có) đi _____?**
너는 가니?

③ **Anh _____?**
형은/오빠는 차를 좋아해요?

🎧 track 2-04

① Anh	bận
② Phở	ngon
③ Tuấn	đi
④ Em	hiểu
⑤ Cháu	xem phim
⑥ Chị	thích trà

Chị (có) khoẻ không?

- phở 퍼 퍼(쌀국수의 일종)
- ngon 응온 맛있다
- hiểu 히에우 이해하다

🔊 쓰기 노트

phở	phở
ngon	ngon
đi	đi
hiểu	hiểu
thích	thích
trà	trà

🎧 track 2-05

또이 콩 쾌
Tôi không khoẻ. 나는 건강하지 않아요.
나 안/~하지 않다 건강하다

주어 ➕ không ➕ 동사/형용사

주어는 ~하지 않아요

'주어 + 동사/형용사'를 부정문으로 만들 때는 부정 표현 không을 동사/형용사 앞에 붙여요. 그래서 자신의 부정 안부를 전할 때는 tôi(나), khoẻ(건강하다)를 넣어 Tôi không khoẻ. (나는 건강하지 않아요.)로 말하면 돼요.

표현 익히기

① A 앰 (꼬) 디 콩
Em (có) đi không?
너 가다 ~해?
너는 가니?

B 콩 앰 콩 디
Không. Em không đi.
아니요 저 안 가다
아니요. 저는 안 가요.

② A 아잉 (꼬) 틱 짜 콩
Anh (có) thích trà không?
형/오빠 좋아하다 차 ~해요?
형은/오빠는 차를 좋아해요?

B 콩 아잉 콩 틱 짜
Không. Anh không thích trà.
아니 형/오빠 안 좋아하다 차
아니. 형은/오빠는 차를 안 좋아해.

표현 확인하기

① **Tôi _____ khoẻ.** 나는 건강하지 않아요.

② **_____. Anh _____ thích trà.** 아니. 형은/오빠는 차를 안 좋아해.

TIP

không은 문장 끝에 위치하면 의문문을, 동사/형용사 앞에 위치하면 부정문을 만들어요. 또한 부정 대답을 할 때 단독으로 쓰여 '아니(요)'라는 의미를 나타내요.

예 A Chị khoẻ không? 누나/언니는 건강해요?

B Không. Chị không khoẻ. 아니. 누나/언니는 건강하지 않아.

track 2-06

> **Tôi không khoẻ.**

① **bận**

② **mệt**

③ **hiểu**

④ **biết**

⑤ **ăn cơm**

⑥ **uống cà phê**

- mệt 멛 피곤하다
- biết 비엗 알다
- uống 우옹 마시다

◖ **쓰기 노트**

không	không
mệt	mệt
biết	biết
ăn	ăn
cơm	cơm
uống	uống

🎧 track 2-07

세미가 베트남 공항에 도착했습니다. 회사 일로 안면이 있는 동료 뚜언(Tuấn)이 마중 나와 세미와 대화를 나눕니다.

짜오 아잉
Chào anh.

짜오 찌 찌 꼬 쾌 콩
Chào chị. Chị có khoẻ không?

깜 언 아잉 또이 쾌
Cảm ơn anh. Tôi khoẻ.

꼰 아잉 아잉 꼬 쾌 콩
Còn anh, anh có khoẻ không?

깜 언 찌 또이 꿍 쾌
Cảm ơn chị. Tôi cũng khoẻ.

• còn 꼰 그런데, 그리고
• cũng 꿍 ~도, 또한, 역시

세미	안녕하세요.
뚜언	안녕하세요. 당신은 건강하세요?
세미	감사합니다. 나는 건강해요.
	그런데 당신은, 당신은 건강하세요?
뚜언	감사합니다. 나도 건강해요.

TIP

1. còn은 의미나 화제를 전환할 때 사용해요. '그런데, 그리고'로 해석할 수 있어요.

예 Chị đi. Còn em, (em có đi không?) 누나/언니는 가. 그런데 너는, (너는 가니)?

2. 안부를 전할 때, bình thường(보통의, 정상적인)을 사용해서 표현할 수도 있어요.

예 Tôi bình thường. 나는 보통이에요(그럭저럭 지내요).

🎧 track 2-08

듣기 잘 듣고 빈칸을 채워 보세요.

1. Tôi _____.

2. Em _____ hiểu _____?

3. Anh _____ thích trà.

읽기 다음 문장을 듣고 발음과 성조에 주의하여 읽어 보세요.

1. Tôi khoẻ.

2. Còn anh, anh có khoẻ không?

3. Cảm ơn chị. Tôi cũng khoẻ.

쓰기 1. 다음 낱말을 어순에 맞게 배열하여 문장을 완성해 보세요.

① phim / cháu / xem

_____.

② có / phở / không / ngon

_____?

③ uống / không / tôi / cà phê

_____.

2. 다음 문장을 베트남어로 써 보세요.

① 나는 행복해요.

_____

② 동생은 차(茶)를 좋아해?

_____

③ 나는 몰라요.

_____

연습문제 2

스스로 말하기 연습을 한 후 음성 파일을 통해 확인하세요.

말하기 그림을 보고 상황에 맞게 대화해 보세요.

Chào anh.

① _____ ?

Cảm ơn em.
Anh bình thường.

A 안녕하세요 형. 형은 건강하세요?

B 고마워 동생. 형은 보통이야(그럭저럭 지내).

Không,

② _____ .

Chị thích trà.

Chị thích cà phê không?

A 언니 커피 좋아해요?

B 아니, 언니는 커피를 좋아하지 않아. 언니는 차를 좋아해.

베트남 사람의 인사 예절

베트남은 중국의 지배를 오랫동안 받았어요. 그렇기 때문에 중국 유교 문화의 영향 또한 많이 받았습니다. 같은 유교 문화권인 한국 사람들처럼 베트남 사람들 역시 웃어른을 공경하고 예의범절을 매우 중요하게 생각하지요.

특히 인사 예절을 중요하게 여기는데요. 인사와 관련된 굉장히 유명한 베트남 속담이 있어요.

바로 "Lời chào cao hơn mâm cỗ"(인사말이 잔칫상보다 더 높다)입니다. lời chào는 '인사말', cao는 '높다', hơn은 '~보다 더', mâm cỗ는 '잔칫상'으로, "인사말이 잔칫상보다 낫다"라는 뜻입니다.

즉, 푸짐하게 잘 차려진 잔칫상보다도 인사말이 더 중요하고 가치가 있다는 것을 강조하는 말이지요.

베트남 사람들은 다양한 방식으로 인사합니다. 인사말 "Chào anh/chị/em,..." 외에도, "잘 지내시지요?", "어디 가세요?," "식사하셨어요?" 등과 같이 안부를 묻는 것으로 인사를 표현하기도 해요. 이때는 꼭 정확한 대답을 듣기 위해서 묻는 것은 아니에요. 이것은 한국과 비슷하지요?

예의와 관련된 한 가지 정보를 덧붙이면, 베트남 사람들은 조상에 대한 예의 또한 매우 중요하게 생각해요. 그래서 규모는 서로 다르지만, 각 가정마다, 심지어 상점에도 조상에게 차려놓은 bàn thờ(반 터)라는 제단이 있답니다.

3

소개

나는 세미예요.

Tôi là Se-mi.

핵심 표현

Tôi là Se-mi.
나는 세미예요.

Anh là Tuấn, phải không?
오빠는 뚜언이 맞아요?

Tôi không phải là Tuấn.
나는 뚜언이 아니에요.

핵심 문법

- **là 긍정 표현**
  là + 명사 (〜예요)

- **là 의문 표현**
  là + 명사, phải không? (〜이/가 맞아요?)

- **là 부정 표현**
  không phải là + 명사 (〜이/가 아니에요)

🎧 track 3-01

또이　라　세미
Tôi là Se-mi. 　나는 세미예요.
나　이다　세미

주어 ＋ là ＋ 명사

주어는 명사예요

동사나 형용사와 달리, 명사는 주어 다음에 바로 올 수 없어요. '~이다'의 의미를 가진 là를 쓰고 명사를 써야 해요. 명사 자리에 이름, 직업 등을 넣어 자신을 소개할 수 있는데, 자신을 세미라고 소개할 때는 tôi(나), Se-mi(세미)를 넣어 Tôi là Se-mi. (나는 세미예요.)로 말하면 돼요.

> 주어 + 동사/형용사 (O): Tôi đi. 나는 가요.
>
> 주어 + 명사 (X): Tôi Se-mi. (X)
>
> 주어 + là + 명사 (O): Tôi là Se-mi. 나는 세미예요.

📢 표현 익히기

또이　라　짱
① **Tôi là Trang.** 나는 짱이에요.
나　이다　짱

앰　라　씽　비엔
② **Em là sinh viên.** 저는 대학생이에요.
저　이다　대학생

뚜언　라　까　씨
③ **Tuấn là ca sĩ.** 뚜언은 가수야.
뚜언　이다　가수

📢 표현 확인하기

① **Tôi _____.** 나는 가요.

② **Tôi _____ Trang.** 나는 짱이에요.

③ **Em là _____.** 저는 대학생이에요.

④ **Tuấn _____.** 뚜언은 가수야.

스스로 문형을 연습한 후 음성 파일을 통해 확인하세요.

🎧 track 3-02

Tôi là Se-mi.

① **Hường**

② **Min-ho**

③ **Dũng**

④ **giáo sư**

⑤ **bác sĩ**

⑥ **y tá**

• giáo sư 자오 쓰 교수
• bác sĩ 박 씨 의사
• y tá 이 따 간호사

쓰기 노트

là	là
sinh viên	sinh viên
ca sĩ	ca sĩ
giáo sư	giáo sư
bác sĩ	bác sĩ
y tá	y tá

표현 2   개인정보 묻기

🎧 track 3-03

아잉   라   뚜언   파이   콩
Anh là Tuấn, phải không?
형/오빠   이다   뚜언   맞다   ~해요?

오빠는 뚜언이 맞아요?

| 주어 | + | **là** | + | **명사,** | + | **phải không?** |

주어는 명사가 맞아요?

'주어 + là + 명사'(주어는 ~예요)의 의문문 형태예요. 그래서 형/오빠처럼 보이는 상대방 남자가 뚜언인지 확인할 때는 anh(형/오빠), Tuấn(뚜언)을 넣어 Anh là Tuấn, phải không? (형/오빠는 뚜언이 맞아요?)으로 말하면 돼요.

> phải(맞다, 옳다) + không?(의문 표현) → phải không?(맞아요?)
> '주어 + là + 명사, phải không?': '주어는 ~인 것이 맞아요?' = '주어는 ~이/가 맞아요?'

🔵 **표현 익히기**

찌   라   짱   파이   콩
① **Chị là Trang, phải không?** 누나/언니는 짱이 맞아요?
누나/언니 이다   짱   맞아요?

앰   라   씽   비엔   파이   콩
② **Em là sinh viên, phải không?** 너는 대학생이 맞아?
너   이다   대학생   맞아?

뚜언   라   까   씨   파이   콩
③ **Tuấn là ca sĩ, phải không?** 뚜언은 가수가 맞아?
뚜언   이다   가수   맞아?

🔵 **표현 확인하기**

① **Chị là Trang, _____?** 누나/언니는 짱이 맞아요?

② **Em _____, phải không?** 너는 대학생이 맞아?

58

track 3-04

Anh là Tuấn, phải không?

① Chị   Vân
② Em   Mi-yeon
③ Bạn   Bình
④ Vân   giáo viên
⑤ Cháu   học sinh
⑥ Bình   công an

- giáo viên 자오 비엔 교사
- học sinh 혹 씽 (초중고) 학생
- công an 꽁 안 공안, 경찰

쓰기 노트

phải	phải
không	không
phải không	phải không
giáo viên	giáo viên
học sinh	học sinh
công an	công an

🎧 track 3-05

또이　　콩　　파이　라　　뚜언
Tôi không phải là Tuấn.
나　　　　～이/가 아니다　　　뚜언

나는 뚜언이 아니에요.

주어 ➕ không phải là ➕ 명사

주어는 명사가 아니에요

'주어 + là + 명사'(주어는 ～예요)의 부정문 형태예요. 그래서 자신이 뚜언이 아니라고 말할 때는 tôi(나), Tuấn(뚜언)을 넣어 Tôi không phải là Tuấn. (나는 뚜언이 아니에요)으로 표현하면 돼요.

> không(부정 표현) + phải(맞다, 옳다) + là(～이다) → không phải là(～인 것이 맞지 않다)
> '주어 + không phải là + 명사' : '주어는 ～인 것이 맞지 않다' = '주어는 ～이/가 아니다'

🔵 **표현 익히기**

또이　　콩　　파이　라　　짱
① **Tôi không phải là Trang.** 나는 짱이 아니에요.
나　　　～이/가 아니다　　　짱

앰　　콩　　파이　라　　씽　비엔
② **Em không phải là sinh viên.** 저는 대학생이 아니에요.
저　　　～이/가 아니다　　　대학생

뚜언　　콩　　파이　라　까　씨
③ **Tuấn không phải là ca sĩ.** 뚜언은 가수가 아니야.
뚜언　　　～이/가 아니다　　　가수

🔵 **표현 확인하기**

① **Tôi _____ là Trang.** 나는 짱이 아니에요.

② **Em _____ sinh viên.** 저는 대학생이 아니에요.

60

track 3-06

Tôi không phải là Tuấn.

① Thành
② Jin-woo
③ Phượng
④ giám đốc
⑤ diễn viên
⑥ luật sư

- giám đốc 잠 독 사장
- diễn viên 지엔 비엔 배우
- luật sư 루얻 쓰 변호사

쓰기 노트

không phải	không phải
không phải là	không phải là
giám đốc	giám đốc
diễn viên	diễn viên
luật sư	luật sư

대화문으로 익히기

🎧 track 3-07

세미의 출근 첫날입니다. 초면인 베트남 동료 짱(Trang)이 세미에게 다가가 인사한 후, 서로 대화를 나눕니다.

 짜오 찌 찌 라 세미 파이 콩
Chào chị. Chị là Se-mi, phải không?

 파이 또이 라 세미 찌 라 마이 파이 콩
Phải. Tôi là Se-mi. Chị là Mai, phải không?

 콩 또이 콩 파이 라 마이 또이 라 짱
Không. Tôi không phải là Mai. Tôi là Trang.

 씬 로이 찌 짱
Xin lỗi chị Trang.

 콩 싸오 찌
Không sao chị.

짱	안녕하세요. 당신은 세미가 맞나요?
세미	맞아요. 나는 세미예요. 당신은 마이가 맞나요?
짱	아니요. 나는 마이가 아니에요. 나는 짱이에요.
세미	미안해요. 짱.
짱	괜찮아요.

TIP

'phải không?'(맞아요?)에 대한 긍정 대답은 ừ(응) / vâng(네) / phải(맞아요)로, 부정 대답은 không(아니요)) / không phải(맞지 않아요)로 해요.

📌 Anh là ca sĩ, phải không? 형은/오빠는 가수예요?

→ Vâng/Phải. Tôi là ca sĩ. 네/맞아요. 나는 가수예요.

→ Không/Không phải. Tôi không phải là ca sĩ. Tôi là diễn viên.
아니요/맞지 않아요. 나는 가수가 아니에요. 나는 배우예요.

연습문제 1

track 3-08

듣기 잘 듣고 빈칸을 채워 보세요.

1. Em _____ Dũng.

2. Anh _____ công an, _____?

3. Cháu _____ giám đốc.

읽기 다음 문장을 듣고 발음과 성조에 주의하여 읽어 보세요.

1. Chị là Se-mi, phải không?

2. Phải. Tôi là Se-mi.

3. Không. Tôi không phải là Mai.

쓰기 **1.** 다음 낱말을 어순에 맞게 배열하여 문장을 완성해 보세요.

① là / y tá / tôi

_____ .

② cháu / phải không / học sinh / là

_____ ?

③ diễn viên / chị / không phải là

_____ .

2. 다음 문장을 베트남어로 써 보세요.

① 나는 의사예요.

_____

② Vân은 교사가 맞아요?

_____

③ 누나/언니는 Phượng이 아니야.

_____

그림을 보고 상황에 맞게 대화해 보세요.

Cháu là Linh,
① _____?

Vâng.
② _____.

A 너는 링이 맞니?

B 네. 저는 링이에요.

③ _____,
phải không?

Không phải.
④ _____.
Anh là luật sư.

A 형은 교수님이 맞아요?

B 아니야. 형은 교수가 아니야. 형은 변호사야.

베트남
기본 정보

베트남은 동남아시아에 위치한 국가로, 남북으로 길게 뻗은 S 자 모양의 지형을 가지고 있어요.

'금성홍기'로 불리는 베트남 국기는 혁명을 상징하는 붉은색 바탕에 베트남 민족을 상징하는 노란 별이 중앙에 있어요.

여러 종족으로 구성된 베트남 민족은 전체 인구의 약 87%인 Kinh(낑)족과 나머지 53개 소수 종족으로 이루어져 있어요. 소수 종족들은 언어, 의상 등 각각 자신만의 고유문화를 유지하며 주로 산악 지역에 살아요.

이름 자체가 옷의 특징을 보여주는 베트남 전통의상 áo dài(아오 자이)는 '긴 상의 + 긴 바지'의 형태예요. áo는 '상의', dài는 '길다'라는 뜻으로, áo dài는 '긴 상의'라는 의미예요.

베트남의 행정구역은 5개의 중앙 직할시(하노이, 호찌밍, 하이퐁, 껀터, 다낭)와 58개 성(省)으로 나뉘어 있어요. 이 중 베트남의 수도는 북부에 위치한 Hà Nội(하노이)예요.

수도 Hà Nội(하노이)는 베트남의 정치, 경제, 문화의 중심지로, 1000년이 넘는 역사를 지닌 만큼 많은 유적을 보유한 대표적인 관광도시이기도 해요.

4

이름, 국적

내 이름은
세미예요.

Tên của tôi là Se-mi.

핵심 표현

Tên của chị là gì?
누나의 이름은 뭐예요?

Tên của tôi là Se-mi.
내 이름은 세미예요.

Chị là người nước nào?
누나는 어느 나라 사람이에요?

핵심 문법

- **소유관계 표현**
  của (〜의)

- **의문사**
  gì (무엇)

- **의문사**
  nào (어느)

표현 1 | 이름 묻기

track 4-01

떼 꾸어 찌 라 지
Tên của chị là gì?   누나의 이름은 뭐예요?
이름   ~의   누나/언니 이다 무엇

| Tên | + | của | + | 상대방 호칭 | + | là gì? |

~의 이름은 뭐예요?

상대방의 이름을 물을 때 사용하며, 의문사 gi(무엇)를 활용해요. 그래서 누나/언니의 이름을 묻고 싶으면 chị(누나/언니)를 넣어 Tên của chị là gì? (누나/언니의 이름은 뭐예요?)로 말하면 돼요.

닮은 듯 다른 한국어 – 베트남어 〈3〉

수식어(꾸미는 말)와 피수식어(꾸밈을 받는 말)의 위치

베트남어 어순은 '피수식어 + 수식어'예요. của(~의)는 소유관계를 나타내는데 베트남어는 뒤에서 꾸며주니까 A của B는 'B의 A'로 해석해요. 따라서 'tên của tôi'는 '나의 이름'이 돼요. của는 경우에 따라 생략할 수 있어요.

- 한국어: '수식어 + 피수식어'   • 베트남어: '피수식어 + 수식어'

  예 나의 이름   예 tên (của) tôi (나의 이름)

▸ **표현 익히기**

떼 꾸어 앰 라 지
① **Tên của em là gì?** 동생(너)의 이름은 뭐니?

떼 꾸어 반 라 지
② **Tên của bạn là gì?** 친구(너)의 이름은 뭐야?

▸ **표현 확인하기**

① **Tên của em _____?** 동생(너)의 이름은 뭐니?

② _____ **là gì?** 친구(너)의 이름은 뭐야?

68

track 4-02

Tên của chị là gì?

① ông

② bà

③ cô

④ thầy

⑤ cháu

⑥ giám đốc

• cô 꼬 (여자) 선생님, 고모
• thầy 터이 (남자) 선생님

쓰기 노트

tên	tên

của	của

gì	gì

là gì	là gì

cô	cô

thầy	thầy

표현 2 | **이름 말하기**

🎧 track 4-03

> 떼 꾸어 또이 라 세미
> # Tên của tôi là Se-mi.   내 이름은 세미예요.
> 이름 ~의 나 이다 세미

$$\boxed{\text{Tên}} \; + \; \text{của} \; + \; \boxed{\text{자신 호칭}} \; + \; \boxed{\text{là 이름}}$$

내 이름은 ~예요

자신의 이름을 말할 때 사용해요. 그래서 자신의 이름이 세미이면 tôi(나), Se-mi를 넣어 Tên của tôi là Se-mi. (내 이름은 세미예요.)로 말하면 돼요.

TIP

gì(무엇)를 비롯한 의문사가 있는 의문문에 대해 대답할 때는 질문의 어순을 그대로 유지한 채, 의문사에 해당하는 단어만 대답으로 바꾸면 돼요.

예 A Tên của em là gì? 너의 이름은 뭐니?   A Em ăn gì? 너는 뭐 먹어?
　 B Tên của em là Lan. 제 이름은 란이에요.   B Em ăn phở. 저는 퍼를 먹어요.

표현 익히기

떼 꾸어 반 라 지   떼 꾸어 밍 라 화
① A **Tên của bạn là gì?**   B **Tên của mình là Hoa.**
　 친구(너)의 이름은 뭐야?   내 이름은 화야.

반 우옹 지   밍 우옹 까 페 쓰어
② A **Bạn uống gì?**   B **Mình uống cà phê sữa.**   • mình 밍 나(친구 사이)
　 너는 뭐 마셔?   나는 밀크커피 마셔.   • sữa 쓰어 우유

표현 확인하기

① _____ **Se-mi.** 내 이름은 세미예요.

② **Bạn uống _____?** 너는 뭐 마셔?

③ **Mình uống _____.** 나는 밀크커피 마셔.

70

🎧 track 4-04

Tên của tôi là Se-mi.

① ông   Thành
② bà   Giang
③ cô   Mai
④ thầy   Sơn
⑤ cháu   Huệ
⑥ giám đốc Cường

🔖 쓰기 노트

ăn gì	ăn gì

ăn phở	ăn phở

bạn	bạn

mình	mình

sữa	sữa

cà phê sữa	cà phê sữa

🎧 track 4-05

<small>찌 라 응어이 느억 나오</small>
Chị là người nước nào?
<small>누나/언니 이다 사람 나라 어느</small>

누나는 어느 나라 사람이에요?

| 주어 | **+** | **là** | **+** | **người** | **+** | **nước nào?** |

주어는 어느 나라 사람이에요?

국적을 물을 때는 người(사람), nước(나라), 의문사 nào(어느)를 활용해요. 대답할 때는 질문의 nước nào(어느 나라)를 '나라 이름'으로만 바꾸면 돼요. 그래서 한국 사람인 누나/언니와 국적을 묻고 답할 때는 chị(누나/언니), Hàn Quốc(한국)을 넣어 다음과 같이 말하면 돼요.

> A Chị là người nước nào? <small>누나/언니는 어느 나라 사람이에요?</small>
> B Chị là người Hàn Quốc. <small>누나/언니는 한국 사람이야.</small>

◗ 표현 익히기

<small>아잉 라 응어이 느억 나오</small>
Anh là người nước nào? <small>형은/오빠는 어느 나라 사람이에요?</small>

<small>아잉 라 응어이 미</small>
→ **Anh là người Mỹ.** <small>형은/오빠는 미국 사람이야.</small>

<small>아잉 라 응어이 비엔 남</small>
→ **Anh là người Việt Nam.** <small>형은/오빠는 베트남 사람이야.</small>

- Hàn Quốc 한 꿕 한국
- Mỹ 미 미국
- Việt Nam 비엔 남 베트남

◗ 표현 확인하기

① **Anh là người _____?** <small>형은/오빠는 어느 나라 사람이에요?</small>

② **Anh là _____ Mỹ.** <small>형은/오빠는 미국 사람이야.</small>

③ **Anh _____.** <small>형은/오빠는 베트남 사람이야.</small>

72

Chị là người nước nào?

Chị là người Hàn Quốc.

① Em   Trung Quốc
② Cháu   Thái Lan
③ Peter   Anh
④ Yuko   Nhật Bản

TIP

'국적'은 'người + 나라 이름', 그 나라의 '언어'는 'tiếng + 나라 이름'으로 말해요.

Hàn Quốc 한국	người Hàn (Quốc) 한국 사람	tiếng Hàn (Quốc) 한국어
Việt Nam 베트남	người Việt (Nam) 베트남 사람	tiếng Việt (Nam) 베트남어
Anh 영국	người Anh 영국 사람	tiếng Anh 영어

• Trung Quốc 쭝 꿕 중국
• Thái Lan 타이 란 태국
• Anh 아잉 영국
• Nhật Bản 녇 반 일본
• tiếng 띠엥 언어, 소리

🔊 **쓰기 노트**

người   người

nước nào   nước nào

Hàn Quốc   Hàn Quốc

Việt Nam   Việt Nam

Mỹ   Mỹ

대화문으로 익히기

🎧 track 4-07

세미는 퇴근 후에 베트남어 어학당에 다닙니다.
오늘은 어학당에서 새로 만난 외국인 친구 톰(Tom)과 대화를 나눕니다.

짜오 찌 또이 라 톰 뗀 꾸어 찌 라 지
Chào chị. Tôi là Tom. Tên của chị là gì?

짜오 아잉 뗀 또이 라 세미
Chào anh. Tên tôi là Se-mi.

또이 라 응어이 한 아잉 라 응어이 느억 나오
Tôi là người Hàn. Anh là người nước nào?

또이 라 응어이 미 젓 부이 드억 갑 찌
Tôi là người Mỹ. Rất vui được gặp chị.

또이 꿍 젓 부이 드억 갑 아잉
Tôi cũng rất vui được gặp anh.

- vui 부이 기쁘다, 즐겁다
- gặp 갑 만나다
- ngày mai 응아이 마이 내일

톰	안녕하세요. 나는 톰이에요. 당신의 이름은 뭐예요?
세미	안녕하세요. 내 이름은 세미예요.
	나는 한국 사람이에요. 당신은 어느 나라 사람이에요?
톰	나는 미국 사람이에요. 만나서 반가워요.
세미	나도 만나서 반가워요.

TIP

1. rất은 '매우, 아주'라는 뜻이며, 예외적으로 피수식어의 앞에 위치해요.
예 Lan rất đẹp. 란은 매우 아름다워요.
2. được은 '되다'라는 뜻이며, 'được + 동사'의 형태로 쓰이면 '~하게 되다'의 의미예요.
예 Ngày mai, tôi được nghỉ. 나는 내일 쉬게 된다.

74

연습문제 1

 track 4-08

듣기   잘 듣고 빈칸을 채워 보세요.

1. Tên của bạn là _____?

2. Tên _____ cô là Mai.

3. Peter là người nước _____?

4. Hoa là _____.

읽기   다음 문장을 듣고 발음과 성조에 주의하여 읽어 보세요.

1. Tên của chị là gì?   **2.** Tên tôi là Se-mi.

3. Anh là người nước nào?   **4.** Tôi là người Mỹ.

쓰기   **1.** 다음 낱말을 어순에 맞게 배열하여 문장을 완성해 보세요.

① giám đốc / gì / của / tên / là

_____?

② nào / nước / người / là / Yuko

_____?

③ tôi / Việt / tiếng / biết

_____.

2. 다음 문장을 베트남어로 써 보세요.

① 선생님(남자)의 이름은 Sơn이야.

_____

② 형은/오빠는 태국 사람이야.

_____

③ 나는 한국어를 알아요.

_____

스스로 말하기 연습을 한 후 음성 파일을 통해 확인하세요.

track 4-09

말하기   그림을 보고 상황에 맞게 대화해 보세요.

Anh là Jin-woo. ① _____ ?

Em tên là Hường.

A   오빠는 진우야. 네 이름은 뭐니?

B   저는 이름이 흐엉이에요.

TIP

'상대방 호칭 + tên là gì?', '자신 호칭 +
tên là ~'로 이름을 묻고 답할 수도 있어요.

예 A Em tên là gì? 너는 이름이 뭐니?

　　B Em tên là Hà. 저는 이름이 하예요.

Tôi là người Việt.

② _____ ?

Tôi ③ _____ .

A   나는 베트남 사람이에요. 형(당신)은 어느 나라 사람이에요?

B   나는 한국 사람이에요.

문 화 탐 방

베트남 사람의 성과 이름

베트남 사람의 이름은 보통 성, 중간 이름, 끝이름의 순서로 구성되어 있어요. 성은 아버지를 따르며, 베트남 사람의 성씨 중 가장 많은 비중을 차지하는 것은 Nguyễn[응우옌]이에요. 이름만 보고도 그 사람이 남자인지 여자인지 알 수 있는 경우도 있는데, 보통 중간 이름이 Văn[반]이면 남자고, Thị[티]면 여자예요. 일상 대화에서는 thầy Tuấn[터이 뚜언](뚜언 선생님), chị Hường[찌 흐엉](흐엉 누나/언니)과 같이 보통 끝이름만 사용하여 불러요.

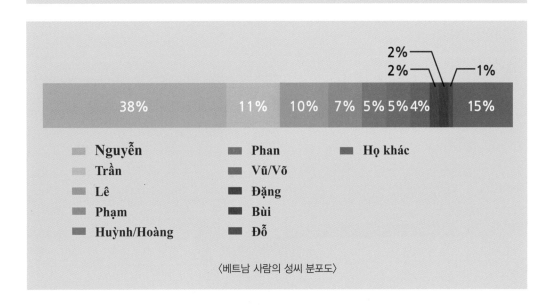

Công ti du lịch VN
Nguyễn Văn Tuấn
Nhân viên

Địa chỉ : 35 Nguyễn Trãi, Thanh Xuân, Hà Nội
Điện thoại văn phòng : 024 1234 5678
Điện thoại di động : 0912 345 789
Email : nguyenvt@OOO.com

VN 여행사
응우옌 반 뚜언
직원

주소: 하노이, 타잉 쑤언, 응우옌 짜이 35
사무실 전화: 024 1234 5678
휴대 전화: 0912 345 789
이메일: nguyenvt@OOO.com

〈베트남 사람의 명함〉

2%
2%   1%

| 38% | 11% | 10% | 7% | 5% | 5% | 4% | | 15% |

- Nguyễn
- Trần
- Lê
- Phạm
- Huỳnh/Hoàng

- Phan
- Vũ/Võ
- Đặng
- Bùi
- Đỗ

- Họ khác

〈베트남 사람의 성씨 분포도〉

5

직업, 직장

나는 HAVI 회사에서 일해요.

Tôi làm việc ở công ti HAVI.

핵심 표현

Anh làm nghề gì?
오빠는 무슨 일을 해요?

Chị làm việc ở đâu?
누나는 어디에서 일해요?

Tôi làm việc ở công ti HAVI.
나는 HAVI 회사에서 일해요.

핵심 문법

- **의문사**
  gì (무슨)

- **의문사**
  đâu (어디)

- **동사 + ở + 장소 명사**
  (~에서 ~하다)

track 5-01

아잉　람　응에　지
Anh làm nghề gì?　오빠는 무슨 일을 해요?
형/오빠　하다　일, 직업　무슨

주어 **+ làm +** nghề gì?

주어는 무슨 일을 해요?

대상의 직업을 물을 때는 nghề(일, 직업)와 의문사 gì(무슨)를 활용해요. nghề를 생략한 "주어 + làm gì?"(주어는 뭐 해요?)도 직업을 묻는 표현으로 쓸 수 있어요. 대답할 때는 là(~이다)를 활용해 '주어 + là + 직업' (주어는 ~예요)으로 표현해요. 그래서 교사인 형/오빠의 직업을 묻고 답할 때는 anh(형/오빠), giáo viên(교사)을 넣어 Anh làm nghề gì? (형은/오빠는 무슨 일을 해요?), Anh là giáo viên. (형은/오빠는 교사야.)로 말하면 돼요.

TIP

의문사 gì는 단독으로 쓰일 때는 '무엇'의 의미를, '명사 + gì'로 쓰일 때는 '무슨'의 의미를 나타내요. gì는 '무엇'과 '무슨', 두 가지로 해석할 수 있다는 것을 기억하세요!
예 Em xem gì? 너는 뭐 봐?　　Em xem phim gì? 너는 무슨 영화 봐?

표현 익히기

반　람　응에　지
① A **Bạn làm nghề gì?** 너는 무슨 일을 해?
밍　라 이 따
B **Mình là y tá.** 나는 간호사야.

중　람　응에　지
② A **Dũng làm nghề gì?** 중은 무슨 일을 해?
중　라 까 씨
B **Dũng là ca sĩ.** 중은 가수야.

표현 확인하기

① **Em xem _____?** 너는 뭐 봐?

② **Em xem _____?** 너는 무슨 영화 봐?

③ A **Dũng làm _____?** 중은 무슨 일을 해? B **Dũng _____.** 중은 가수야.

🎧 track 5-02

① Em   diễn viên
② Chị   giáo sư
③ Cháu   kĩ sư
④ Sơn   tài xế
⑤ Hà   thư kí
⑥ Quân   công an

Anh làm nghề gì?

Anh là giáo viên.

• kĩ sư 끼 쓰 엔지니어
• tài xế 따이 쎄 운전사
• thư kí 트 끼 비서

◗ 쓰기 노트

làm	làm
nghề	nghề
nghề gì	nghề gì
kĩ sư	kĩ sư
tài xế	tài xế
thư kí	thư kí

표현 2 직장 묻기

track 5-03

찌 람 비엑 어 더우
Chị làm việc ở đâu?
누나/언니 하다 일 에서 어디

누나는 어디에서 일해요?

| 주어 | + | 동사 | + | ở đâu? |

주어는 어디에서 ~해요?

동작이 행해지는 장소를 물을 때 사용해요. ở는 '~에서', đâu는 의문사로 '어디'라는 뜻이므로 ở đâu는 '어디에서'의 의미예요. 그래서 누나/언니가 일하는 곳을 물을 때는 chị(누나/언니), làm việc(일하다)을 넣어 Chị làm việc ở đâu? (누나/언니는 어디에서 일해요?)로 말하면 돼요.

표현 익히기

란 안 껌 어 더우
① **Lan ăn cơm ở đâu?** 란은 어디에서 밥을 먹어요?

• học 혹 배우다, 공부하다

앰 쌤 핌 어 더우
② **Em xem phim ở đâu?** 너는 어디에서 영화를 봐?

반 혹 띠엥 비엣 어 더우
③ **Bạn học tiếng Việt ở đâu?** 너는 어디에서 베트남어를 공부해?

표현 확인하기

① **Chị làm việc ở** _____? 누나/언니는 어디에서 일해요?

② **Lan ăn cơm** _____ **đâu?** 란은 어디에서 밥을 먹어요?

③ **Em xem phim** _____? 너는 어디에서 영화를 봐?

④ **Bạn** _____? 너는 어디에서 베트남어를 공부해?

82

🎧 track 5-04

Chị làm việc ở đâu?

① Mai   sống
② Cô   dạy
③ Em   ăn cơm
④ Bạn   gặp bà
⑤ Chị   học tiếng Hàn
⑥ Cháu   học tiếng Việt

• sống 쏭 살다
• dạy 자이 가르치다
• gặp 갑 만나다

🔹 쓰기 노트

việc	việc
ở đâu	ở đâu
sống	sống
học	học
dạy	dạy
gặp	gặp

track 5-05

또이 람 비엑 어 꽁 띠 하비
Tôi làm việc ở công ti HAVI.
나   하다   일   에서   회사

나는 HAVI 회사에서 일해요.

| 주어 | + | 동사 | + | ở | + | 장소 명사 |

주어는 ~에서 ~해요

동작이 행해지는 장소를 말할 때 사용해요. 그래서 자신이 일하는 곳이 HAVI 회사라고 말할 때는 tôi(나), làm việc(일하다), công ti(회사)를 넣어 Tôi làm việc ở công ti HAVI. (나는 HAVI 회사에서 일해요.)으로 말하면 돼요.

표현 익히기

란 안 껌 어 냐 항
① **Lan ăn cơm ở nhà hàng.** 란은 식당에서 밥을 먹어요.

앰 쌤 핌 어 냐
② **Em xem phim ở nhà.** 저는 집에서 영화를 봐요.

밍 혹 띠엥 비엣 어 쯔엉
③ **Mình học tiếng Việt ở trường.** 나는 학교에서 베트남어를 공부해.

• nhà hàng 냐 항 식당
• nhà 냐 집
• trường 쯔엉 학교

표현 확인하기

① **Tôi làm việc** _____ **HAVI.** 나는 HAVI 회사에서 일해요.

② **Lan** _____ **nhà hàng.** 란은 식당에서 밥을 먹어요.

③ **Mình học tiếng Việt** _____. 나는 학교에서 베트남어를 공부해.

④ **Em** _____. 저는 집에서 영화를 봐요.

🎧 track 5-06

Tôi làm việc ở công ti HAVI.

① sống   Đà Nẵng
② dạy   trường đại học
③ ăn cơm   nhà
④ gặp bà   ga Hà Nội
⑤ học tiếng Hàn   trường
⑥ học tiếng Việt trung tâm ngoại ngữ

- đại học 다이 혹 대학
- trường đại học 쯔엉 다이 혹 대학교
- ga 가 역
- trung tâm 쭝 떰 센터
- ngoại ngữ 응와이 응으 외국어
- trung tâm ngoại ngữ 쭝 떰 응와이 응으 외국어 센터

🌙 **쓰기 노트**

công ti	công ti
nhà hàng	nhà hàng
trường	trường
đại học	đại học
ga	ga
trung tâm ngoại ngữ	trung tâm ngoại ngữ

대화문으로 익히기

🎧 track 5-07

세미가 어학당에서 만난 친구 톰과 서로의 직업에 관한 대화를 나눕니다.

씬 로이 찌 라 씽 비엔 파이 콩
Xin lỗi, chị là sinh viên, phải không?

콩 또이 콩 파이 라 씽 비엔
Không. Tôi không phải là sinh viên.

또이 라 년 비엔 꽁 띠 꼰 아잉 람 응에 지
Tôi là nhân viên công ti. Còn anh làm nghề gì?

또이 라 년 비엔 응언 항 찌 람 비엑 어 더우
Tôi là nhân viên ngân hàng. Chị làm việc ở đâu?

또이 람 비엑 어 꽁 띠 하비
Tôi làm việc ở công ti HAVI.

- xin lỗi 씬 로이 실례하다
- nhân viên 년 비엔 직원
- công ti 꽁 띠 회사
- ngân hàng 응언 항 은행

톰	실례지만, 당신은 대학생인가요?
세미	아니요. 나는 대학생이 아니에요.
	나는 회사원이에요. 그런데 당신은 무슨 일을 해요?
톰	나는 은행원이에요. 당신은 어디에서 일해요?
세미	나는 하비 회사에서 일해요.

TIP

자신의 직업을 말할 때, là 대신 làm을 써서 표현할 수도 있어요.

📝 Tôi là giáo viên. = Tôi làm giáo viên. 나는 교사예요.

연습문제 1

🎧 track 5-08

듣기   잘 듣고 빈칸을 채워 보세요.

1. Em _____ nghề _____ ?

2. Cháu _____ kĩ sư.

3. Mai sống ở _____ ?

4. Cô dạy _____ .

읽기   다음 문장을 듣고 발음과 성조에 주의하여 읽어 보세요.

1. Tôi là nhân viên công ti.   **2.**   Còn anh làm nghề gì?

3. Tôi làm việc ở công ti HAVI.

쓰기   **1.**   다음 낱말을 어순에 맞게 배열하여 문장을 완성해 보세요.

① gì / nghề / Sơn / làm

_____ ?

② ở / cơm / em / ăn / đâu

_____ ?

③ Việt / ngoại ngữ / học / ở / tôi / tiếng / trung tâm

_____ .

2.   다음 문장을 베트남어로 써 보세요.

① Hà는 비서예요.

_____

② 누나/언니는 학교에서 한국어를 공부해.

_____

③ 나는 할머니를 Hà Nội 역에서 만나요.

_____

그림을 보고 상황에 맞게 대화해 보세요.

Chị làm nghề ① _____ ?

Tôi ② _____

A 무슨 일을 하세요?

B 나는 간호사예요.

Anh ③ _____ ?

Anh làm việc ở quán cà phê HANOI.

A 형은 어디에서 일해요?

B 형은 HANOI 커피숍에서 일해.

• quán 꽌 가게, 상점
• quán cà phê 꽌 까 페 커피숍, 카페

베트남어로
무슨 일을
해 볼까?

한국과 베트남은 1992년 수교 이후 정치 · 경제 · 사회 · 문화 등 여러 분야에서 긴밀하게 협력해 왔어요. 2021년 양국 간 교역 규모는 870억 달러에 달했고, 한국의 대(對) 베트남 투자는 2021년 누계 기준 약 9,200건, 785억 달러로 건수 및 금액에서 모두 1위를 기록했어요. 이렇듯 엄청난 교역 규모에 걸맞게 교류 분야 또한 매우 다양해졌답니다.

베트남에는 이미 한국 유수의 대기업을 포함해 중견 · 중소기업까지 8천 개 이상의 기업체가 건설, 전자, 금융, 의류, 식품 등의 분야에 대거 진출해 있어요. 또한 양국의 지방 자치 단체들도 서로 자매 결연을 맺고 활발히 교류하고 있고요.

베트남의 고등학교, 대학교, 학원 등의 수많은 교육 기관에서 한국어를 가르치고 있으며, 한국에서도 대학교에서뿐만 아니라 고등학교에서도 정규 · 비정규 과정으로 베트남어를 가르치고 있어요. 한국의 대학 입학시험인 수능에서도 베트남어가 제2외국어의 한 과목으로 채택되어 있으니 베트남어의 인기와 위상을 실감할 수 있겠지요?

이 밖에도 엔터테인먼트, 방송, 영화, 문학, 스포츠, 예술 분야 등에서도 교류가 활발히 이루어지고 있답니다. 최근에는 한국으로 의료 관광을 오는 베트남 사람들이 많아지면서 의료 통역 및 코디네이터의 수요도 늘어나고 있어요.

베트남어를 활용하는 곳이 정말 많지요? 앞으로는 더욱더 많아질 전망입니다. 포괄적 전략 동반자로 양국 관계가 격상됐고, 교역 규모도 2030년까지 1500억 달러로 늘릴 계획이라고 합니다. 베트남어를 공부하는 우리에게는 참으로 반가운 소식이 아닐 수 없습니다. 자, 그럼 다시 한번 마음을 가다듬고 베트남어 공부해 볼까요? ^^

〈자료 출처 : KOTRA, 베트남 통계청〉

6
가족

이쪽은
제 오빠예요.
Đây là anh trai của em.

핵심 표현

Đây là anh trai của em.
이쪽은 제 오빠예요.

Anh ấy bao nhiêu tuổi?
그 오빠는 몇 살이에요?

Anh ấy 35 tuổi.
그 오빠는 35살이에요.

핵심 문법

- **소개 표현**
  đây là ~ (이쪽은 ~예요)

- **3인칭 표현**
  ấy (그)

- **수량 의문사**
  bao nhiêu (몇, 얼마)

- **숫자**
  không, một, hai,... (0, 1, 2...)

🎧 track 6-01

더이 라 아잉 짜이 꾸어 앰
Đây là anh trai của em.
이쪽 이다 친형/친오빠 ~의 저(동생)

이쪽은 제 오빠예요.

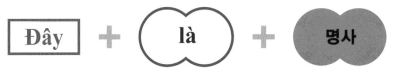

Đây + là + 명사

이쪽은(이 사람은/이것은/여기는) 명사예요

đây는 말하는 사람과 가까이 있는 사람, 사물, 장소를 가리키는 말로, '이쪽(이 사람/이분, 이것, 여기)'의 의미예요. 그래서 손위 남성/여성에게 친형/친오빠를 소개할 때는 anh trai(친형/친오빠)를 넣어 Đây là anh trai của em. (이쪽은 제 형/오빠예요.)으로 말하면 돼요.

가족 구성원 호칭

ông 옹 할아버지	bà 바 할머니	bố 보 아버지	mẹ 매 어머니
anh trai 아잉 짜이 친형/친오빠		chị gái 찌 가이 친누나/친언니	
em trai 앰 짜이 남동생		em gái 앰 가이 여동생	

표현 익히기

더이 라 보 매 꾸어 앰
① **Đây là bố mẹ của em.** 이쪽은 제 부모님이에요.

더이 라 붙 꾸어 밍
② **Đây là bút của mình.** 이것은 내 펜이야.

더이 라 냐 꾸어 또이
③ **Đây là nhà của tôi.** 여기는 내 집이에요.

- trai 짜이 남자
- gái 가이 여자
- bút 붇 펜, 볼펜

표현 확인하기

① _____ **bố mẹ của em.** 이쪽은 제 부모님이에요.

② _____. 여기는 내 집이에요.

🎧 track 6-02

> **Đây là anh trai của em.**

① ông bà   anh
② chị gái   mình
③ em trai   tôi
④ xe máy   cháu
⑤ điện thoại Bình
⑥ công ti   chị

• xe máy 쌔 마이 오토바이
• điện thoại 디엔 타이 전화

🔵 쓰기 노트

đây	đây
trai	trai
gái	gái
bút	bút
xe máy	xe máy
điện thoại	điện thoại

track 6-03

^{아잉 어이} ^{바오} ^{네우} ^{뚜오이}
Anh ấy bao nhiêu tuổi?
형/오빠 그 몇, 얼마 살(나이)

그 오빠는 몇 살이에요?

| 주어 | **+** | **bao nhiêu** | **+** | **tuổi?** |

주어는 몇 살이에요?

나이를 물을 때는 수량 의문사 bao nhiêu(몇, 얼마)와 tuổi(살)를 활용해요. 나이를 묻고 답할 때, 베트남어는 우리말의 '~이에요'에 해당하는 là를 말할 필요가 없다는 것을 기억하세요! 3인칭 손위 남성의 나이를 물을 때는 anh ấy(그 형/오빠)를 넣어 Anh ấy bao nhiêu tuổi? (그 형은/오빠는 몇 살이에요?)로 말하면 돼요.

> **TIP**
>
> 인칭 대명사 + ấy (그) → 3인칭
>
> em + ấy → em ấy (그 동생, 그 애)
>
> chị + ấy → chị ấy (그 누나/언니, 그녀)

▶ 표현 익히기

^앰 ^{바오} ^{네우} ^{뚜오이}
① **Em bao nhiêu tuổi?** 너는 몇 살이야?

^찌 ^{어이} ^{바오} ^{네우} ^{뚜오이}
② **Chị ấy bao nhiêu tuổi?** 그 누나/언니는 몇 살이에요?

^보 ^{꾸어} ^반 ^{바오} ^{네우} ^{뚜오이}
③ **Bố của bạn bao nhiêu tuổi?** 네 아버지는 연세가 어떻게 되시니(몇 살이시니)?

▶ 표현 확인하기

① **Em _____ tuổi?** 너는 몇 살이야?

② _____ **bao nhiêu tuổi?** 그 누나/언니는 몇 살이에요?

③ _____**?** 네(친구) 아버지는 연세가 어떻게 되시니?

94

track 6-04

Anh ấy bao nhiêu tuổi?

① Chị

② Em ấy

③ Thầy ấy

④ Mẹ của cháu

⑤ Anh trai của bạn

⑥ Em gái của chị ấy

쓰기 노트

bao nhiêu	bao nhiêu
tuổi	tuổi
ấy	ấy
mẹ	mẹ
anh trai	anh trai
em gái	em gái

🎧 track 6-05

아잉 어이 바 므어이 람 뚜오이
Anh ấy 35(ba mươi lăm) tuổi.
형/오빠 그 삼 십 오 살(나이)

그 오빠는 35살이에요.

주어 **+** 숫자 **+** tuổi

주어는 ~살이에요

나이를 말할 때는 해당 숫자와 tuổi(살)를 활용해요. 35살인 3인칭 손위 남성의 나이는 anh ấy(그형/오빠), ba mươi lăm(35)를 넣어 Anh ấy 35 tuổi. (그 형은/오빠는 35살이에요.)로 말해요.

베트남어 숫자 0 ~ 100

0	không 콩	1	một 몯	2	hai 하이	3	ba 바
4	bốn 본	5	năm 남	6	sáu 싸우	7	bảy 바이
8	tám 땀	9	chín 찐	10	mười 므어이	11	mười một 므어이 몯
12	mười hai 므어이 하이	13	mười ba 므어이 바	14	mười bốn 므어이 본	15	mười lăm 므어이 람
16	mười sáu 므어이 싸우	17	mười bảy 므어이 바이	18	mười tám 므어이 땀	19	mười chín 므어이 찐
20	hai mươi 하이 므어이	21	hai mươi mốt 하이 므어이 몯	55	năm mươi lăm 남 므어이 람	100	một trăm 몯 짬

- 15부터는 일의 자리에 있는 5가 năm에서 lăm으로 바뀌어요.
- 20부터의 10은 mười가 mươi로 성조가 바뀌어요.
- 21부터(31, 41, 51...)의 1은 một이 mốt으로 성조가 바뀌어요.

◗ 표현 익히기

앰 므어이 찐 뚜오이
① **Em mười chín tuổi.**
저는 19살이에요.

찌 어이 본 므어이 몯 뚜오이
② **Chị ấy bốn mươi mốt tuổi.**
그 누나/언니는 41살이에요.

◗ 표현 확인하기

① **Em _____.**
저는 19살이에요.

② **Chị ấy bốn mươi mốt tuổi.**
그 누나/언니는 _____이에요.

track 6-06

Anh ấy
ba mươi lăm
tuổi.

① Chị   hai mươi
② Em ấy   mười lăm
③ Thầy ấy   năm mươi lăm
④ Mẹ của cháu   sáu mươi bốn
⑤ Anh trai của mình   bốn mươi bảy
⑥ Em gái của chị ấy   ba mươi mốt

TIP

100 이상의 숫자
• 천 một nghìn 몯 응인
• 만 mười nghìn 므어이 응인
• 십만 một trăm nghìn 몯 짬 응인
• 백만 một triệu 몯 찌에우

◖ 쓰기 노트

một	một	sáu	sáu
hai	hai	bảy	bảy
ba	ba	tám	tám
bốn	bốn	chín	chín
năm	năm	mười	mười

대화문으로 익히기

세미와 짱은 이제 친해져서 서로를 chị와 em으로 호칭합니다. 세미가 짱의 휴대폰 바탕화면에 있는 가족사진을 보고 짱과 대화를 나눕니다.

더이 라 아잉 자 딩 앰 파이 콩
Đây là ảnh gia đình em, phải không?

- ảnh 아잉 사진
- gia đình 자 딩 가족, 가정

벙 더이 라 보 매 앰
Vâng. Đây là bố mẹ em.

곤 더이 라 아잉 타잉 아잉 짜이 꾸어 앰
Còn đây là anh Thành, anh trai của em.

아잉 어이 바오 네우 뚜오이
Anh ấy bao nhiêu tuổi?

아잉 어이 바 므어이 람 뚜오이
Anh ấy 35(ba mươi lăm) tuổi.

테 아 찌 가이 꾸어 찌 꿍 바 므어이 람 뚜오이
Thế à? Chị gái của chị cũng 35(ba mươi lăm) tuổi.

세미	이것은 네 가족사진이 맞니?
짱	네. 이쪽은 제 부모님이에요.
	그리고 이쪽은 제 오빠, 타잉 오빠예요.
세미	그 오빠는 몇 살이야?
짱	그 오빠는 35살이에요.
세미	그래? 우리 언니도 35살이야.

TIP

Thế à?는 상대방의 말에 대해 놀라움을 표현할 때 사용해요.
thế는 '그렇다', à는 확인 의문문을 만드는 요소로, Thế à?는 "그래(요)?"로 해석해요.

98

track 6-08

듣기 잘 듣고 빈칸을 채워 보세요.

1. _____ là em trai tôi.

2. Thầy ấy _____ tuổi?

3. Mẹ của cháu _____ tuổi.

읽기 다음 문장을 듣고 발음과 성조에 주의하여 읽어 보세요.

1. Đây là ảnh của gia đình em, phải không?

2. Anh ấy bao nhiêu tuổi?

3. Chị gái của chị cũng 35 tuổi.

쓰기 1. 다음 낱말을 어순에 맞게 배열하여 문장을 완성해 보세요.

① cháu / của / đây / xe máy / là

_____ .

② bạn / bao nhiêu / anh trai / tuổi / của

_____ ?

③ tuổi / ấy / lăm / em / mười

_____ .

2. 다음 문장을 베트남어로 써 보세요.

① 여기는 누나/언니의 회사야.

_____

② 그 형/오빠의 여동생은 몇 살이에요?

_____

③ 내 친형/친오빠는 41살이에요.

_____

그림을 보고 상황에 맞게 대화해 보세요.

> Đây là ảnh gia đình bạn, phải không?

> Ừ. ① _____ bố mẹ mình.
> ② _____ em gái mình.

A 이건 네 가족사진이 맞니?

B 응. 이쪽은 내 부모님이야. 그리고 이쪽은 내 여동생이야.

> ③ _____?

> Em mình 17 tuổi.

A 네 여동생은 몇 살이야?

B 내 동생은 17살이야.

한국은 토끼띠, 베트남은 고양이띠

한국 사람들은 숫자 말고 '띠'로 나이를 표현하기도 하지요? 베트남 사람들도 그렇답니다.
그런데 열두 띠 중에 한국과 다른 것이 3개 있어요.
혹시 위 그림에서 뭐가 다른지 찾으셨나요? 그것은 바로 '소', '토끼', '양'입니다.
'소띠' 대신 '물소띠', '토끼띠' 대신 '고양이띠', '양띠' 대신 '염소띠'를 사용해요.

자신의 띠를 말할 때는 "Tôi + tuổi + 동물 이름"으로 표현하면 됩니다.
쥐띠인 사람은 다음과 같이 말하면 되겠지요?

Tôi tuổi chuột. 또이 뚜오이 쭈옽   나는 쥐띠예요.

여러분은 무슨 띠인가요? 다음 동물들의 이름을 참고해서 말해 보세요. ^^

쥐	chuột 쭈옽	소	bò 보	호랑이	hổ 호	토끼	thỏ 토
용	rồng 종	뱀	rắn 잔	말	ngựa 응으어	양	cừu 끄우
원숭이	khỉ 키	닭	gà 가	개	chó 쪼	돼지	lợn 런

• 물소 trâu 쩌우   • 고양이 mèo 매오   • 염소 dê 제

Tôi tuổi _____.

7

1~6과

복습
Ôn tập

빈칸에 들어갈 알맞은 단어를 고르세요.

1

A Chào anh.

B Chào _____.

① em

② tôi

③ cháu

2

Tôi _____ người Việt Nam.

① là

② của

③ không

3

Tên của chị là _____?

① gì

② phải

③ không

4

Xin lỗi chị.

① Chào em.

② Tôi khoẻ.

③ Không sao.

5

Tạm biệt anh.

① Không sao.

② Xin lỗi bạn.

③ Tạm biệt em.

6

Cảm ơn anh.

① Chào anh.

② Xin lỗi anh.

③ Không có gì.

7

Tôi là người Mỹ.

① Anh có khoẻ không?

② Anh là người nước nào?

③ Anh là y tá, phải không?

8

Anh ấy 35 tuổi.

① Anh Tuấn làm nghề gì?

② Anh Tuấn bao nhiêu tuổi?

③ Anh ấy là người nước nào?

9

Em là giáo viên.

① Em tên là gì?

② Em sống ở đâu?

③ Em làm nghề gì?

10

Anh có khoẻ không?

① Tên tôi là Huy.

② Cảm ơn chị. Tôi bình thường.

③ Chào chị. Tôi là người Hàn Quốc.

11

Chị là Lan, phải không?

① Vâng. Tôi là Lan.

② Tôi thích Việt Nam.

③ Cảm ơn anh. Tôi khoẻ.

12

Bạn làm việc ở đâu?

① Mình sống ở Hà Nội.

② Rất vui được gặp bạn.

③ Mình làm việc ở ngân hàng.

13 ① Ăn tôi cơm.

② Cơm ăn tôi.

③ Tôi ăn cơm.

14 ① Em gì phim xem?

② Em phim gì xem?

③ Em xem phim gì?

15 ① Bạn của tên gì là?

② Bạn tên của là gì?

③ Tên của bạn là gì?

16 ① Tôi là phải không ca sĩ.

② Tôi không là phải ca sĩ.

③ Tôi không phải là ca sĩ.

17 문장 표현이 옳은 것을 고르세요.

① Anh là nhân viên công ti không?

② Anh là phải nhân viên công ti không?

③ Anh là nhân viên công ti, phải không?

18 문장 표현이 옳지 <u>않은</u> 것을 고르세요.

① Chị có khoẻ?

② Chị khoẻ không?

③ Chị có khoẻ không?

19 빈칸에 들어갈 말로 알맞은 것을 고르세요.

Đây là _____.

① bút của tôi

② bố mẹ của tôi

③ ①과 ② 모두

20 숫자를 바르게 읽은 것을 고르세요.

① 20 : hai mười

② 15 : mười năm

③ 31 : ba mươi mốt

track 7-01

듣기   다음 대화를 듣고 알맞은 답을 고르세요.

1   1)   여자는 어느 나라 사람입니까?

     ① Hàn Quốc   ② Việt Nam

   2)   남자는 어느 나라 사람입니까?

     ① Mỹ   ② Anh

2   1)   여자의 직업은 무엇입니까?

     ① sinh viên   ② nhân viên công ti

   2)   남자는 어디에서 일합니까?

     ① nhà hàng   ② ngân hàng

3   1)   두 사람은 무엇을 보고 있습니까?

     ① ảnh gia đình   ② phim Việt Nam

   2)   Thành은 몇 살입니까?

     ① 15 tuổi   ② 35 tuổi

말하기 다음 질문에 알맞게 대답해 보세요.

track 7-02

1 Tên của anh/chị là gì?

2 Anh/Chị làm nghề gì?

3 Anh/Chị bao nhiêu tuổi?

4 Anh/Chị là người nước nào?

쓰기 다음 문장을 베트남어로 쓰세요.

1 나는 커피를 좋아해요.

_____

2 그 동생은 배우가 맞니?

_____

3 형은/오빠는 외국어 센터에서 영어를 공부해.

_____

4 이쪽은 나의 남동생이에요.

_____

8

시간

지금 몇 시예요?

Bây giờ là mấy giờ?

핵심 표현

Bây giờ là mấy giờ?
지금 몇 시예요?

Mấy giờ chúng ta đi?
우리 몇 시에 가요?

30 phút sau, chúng ta đi nhé.
우리 30분 후에 갑시다.

핵심 문법

- **수량 의문사**
  mấy (몇)

- **시간 표현**
  lúc (～에)

- **제안 · 청유 표현**
  nhé (～ 하자/합시다)

Bây giờ là mấy giờ? 지금 몇 시예요?
지금   이다   몇   시

| Bây giờ | + | là | + | mấy giờ? |

지금 몇 시예요?

현재 시각을 물을 때는 bây giờ(지금), 수량 의문사 mấy(몇), giờ(시)를 활용해요. 대답할 때는 mấy giờ 자리에 '숫자 + giờ(시) + 숫자 + phút(분)'의 순서로 해당 시간을 넣어 표현해요. 3시 10분이면 Bây giờ là 3 (ba) giờ 10 (mười) phút. (지금은 3시 10분이에요.)으로 말하면 돼요.

📍 표현 익히기

Bây giờ là mấy giờ? 지금 몇 시예요?

→ **Bây giờ là 2 (hai) giờ 30 (ba mươi) phút.** 지금은 2시 30분이에요.

→ **Bây giờ là 2 (hai) giờ rưỡi.** 지금은 2시 반이에요.

• rưỡi 반(단위를 나타내는 말 뒤에 놓여 그 단위의 '반'을 뜻함)

📍 표현 확인하기

① **Bây giờ là** _____? 지금 몇 시예요?

② **Bây giờ là** _____. 지금은 2시 30분이에요.

③ _____. 지금은 2시 반이에요.

TIP

보통 mấy는 10 이하의 수를 물어볼 때, bao nhiêu는 100이 넘는 비교적 큰 수를 물어볼 때 사용해요.

A Cháu mấy tuổi?
너는 몇 살이니?

B Cháu 7 tuổi.
저는 7살이에요.

A Anh bao nhiêu tuổi?
형은 몇 살이에요?

B Anh 27 tuổi.
형은 27살이야.

track 8-02

Bây giờ là mấy giờ?

①

②

③

Bây giờ là 11 giờ 10 phút.

④

⑤

⑥

🔊 쓰기 노트

bây giờ	bây giờ

mấy	mấy

giờ	giờ

phút	phút

rưỡi	rưỡi

🎧 track 8-03

Mấy giờ chúng ta đi? 우리 몇 시에 가요?
몇   시   우리   가다

 ➕ 주어 ➕

주어는 몇 시에 ~해요?

동작이 행해지는 시간을 물을 때도 mấy giờ(몇 시(에))를 활용해요. 상대방에게 자신과 상대방이 몇 시에 가는지를 묻고 싶으면 chúng ta(우리), đi(가다)를 넣어 Mấy giờ chúng ta đi? (우리 몇 시에 가요?)로 말하면 돼요.

TIP

시간 표현이 문장의 뒤에 위치할 때는 시간을 나타내는 말 앞에 놓여 '~에'의 의미를 갖는 lúc을 써서 lúc mấy giờ(몇 시에), 'lúc + ~시 ~분'(~시 ~분에)으로 표현해요.

📩 A Chị thường ăn sáng lúc mấy giờ? 누나/언니는 보통 몇 시에 아침(밥)을 먹어요?

     B Chị thường ăn sáng lúc 7 giờ. 누나/언니는 보통 7시에 아침(밥)을 먹어.

▶ 표현 익히기

① A **Mấy giờ chúng ta gặp nhau?** 우리 몇 시에 (서로) 만나?

     B **2 giờ rưỡi.** 2시 반.

② A **Phim bắt đầu lúc mấy giờ?** 영화가 몇 시에 시작해?

     B **Lúc 3 giờ.** 3시에.

- thường 보통
- sáng 아침, 오전
- ăn sáng 아침(밥)을 먹다
- nhau 서로
- bắt đầu 시작하다

▶ 표현 확인하기

① _____ **chúng ta gặp nhau?** 우리 몇 시에 (서로) 만나?

② **Phim bắt đầu** _____? 영화가 몇 시에 시작해?

track 8-04

Mấy giờ chúng ta đi?

① em   về nhà
② cháu   học tiếng Việt
③ bạn   gặp thầy
④ chị   ăn tối
⑤ cuộc họp bắt đầu
⑥ tàu hoả   khởi hành

• về 돌아오다/돌아가다
• tối 저녁
• cuộc họp 회의
• tàu hoả 기차
• khởi hành 출발하다

쓰기 노트

chúng ta	chúng ta
lúc	lúc
bắt đầu	bắt đầu
cuộc họp	cuộc họp
tàu hoả	tàu hoả
khởi hành	khởi hành

🎧 track 8-05

30 phút sau, chúng ta đi nhé.
분   후   우리   가다 ~하자/합시다

우리 30분 후에 갑시다.

우리 ~ 하자/합시다

상대방에게 어떤 것을 함께 하자고 제안할 때는 nhé(~하자/합시다)를 사용해요. sau는 '뒤, 후'의 의미로, '시간 + sau'는 '(해당 시간) 후에'라는 뜻이에요. 그래서 상대방에게 30분 후에 가자고 제안할 때는 30 phút sau(30분 후에), chúng ta(우리)를 넣어 30 phút sau, chúng ta đi nhé. (우리 30분 후에 가자/갑시다.)로 말하면 돼요.

TIP

베트남어는 '우리'를 뜻하는 1인칭 복수 표현이 chúng ta와 chúng tôi로 두 개가 있어요. 뜻은 같지만 쓰임이 달라요. chúng ta는 청자를 포함하고, chúng tôi는 청자를 포함하지 않아요. 예문을 통해 확인해 보세요.

예 A Mấy giờ chúng ta đi? 우리(청자 포함) 몇 시에 가?

B 30 phút sau, chúng ta đi nhé. 우리(청자 포함) 30분 후에 가자.

A 2 anh chị đi đâu? 두 분(두 형/오빠, 누나/언니) 어디 가세요?

B Chúng tôi đi bệnh viện. 우리(청자 제외)는 병원에 가.

🔵 **표현 익히기**

① **5 phút sau, chúng ta ăn sáng nhé.** 우리 5분 후에 아침 먹자.
    · bệnh viện 병원
② **Chúng tôi không uống rượu.** 우리는 술을 마시지 않아요.
    · rượu 술

🔵 **표현 확인하기**

① **5 phút sau, _____.** 우리 5분 후에 아침 먹자.

② **_____ không uống rượu.** 우리(청자 제외)는 술을 마시지 않아요.

🎧 track 8-06

30 phút sau, chúng ta đi nhé.

① Bây giờ   về nhà
② Bây giờ   học tiếng Việt
③ 10 phút sau   uống trà
④ 1 tiếng sau   nói chuyện
⑤ 7 giờ   ăn tối
⑥ 12 giờ   gặp nhau ở tầng 1

• nói chuyện 이야기하다
• tầng 층
• tầng 1 1층

🔹 **쓰기 노트**

chúng tôi | chúng tôi
___

về | về
___

tối | tối
___

nói chuyện | nói chuyện
___

nhau | nhau
___

tầng | tầng
___

🎧 track 8-07

오늘은 회사 동료 뚜언이 세미에게 점심으로 베트남 음식 분짜(bún chả)를 대접하려고 합니다. 세미가 기뻐하며 뚜언과 시간 약속을 합니다.

Se-mi ơi, em có thích bún chả không?

Anh muốn mời em ăn bún chả.

- muốn 원하다
- 'muốn + 동사' : ～하고 싶다
- mời 초대하다
- đến 오다, 도착하다

Cảm ơn anh. Em rất thích bún chả.

Mấy giờ chúng ta đi?

Bây giờ là mấy giờ?

Bây giờ là 11 giờ 10 phút.

30 phút sau, chúng ta đi nhé.

Vâng.

뚜언	세미야, 너 분짜 좋아하니? 내가 너를 분짜 먹도록 초대하고 싶어.
세미	감사해요, 오빠. 저는 분짜를 매우 좋아해요. 우리 몇 시에 가요?
뚜언	지금 몇 시야?
세미	지금 11시 10분이에요.
뚜언	30분 후에 가자.
세미	네.

> **TIP**
>
> **1.** '호칭/이름 + ơi'는 상대를 친밀하게 부를 때 사용하며, '(누구)야, (누구) 씨' 등의 의미가 있어요.
>
> 예 Em ơi, em biết tiếng Hàn không?
> 동생아, 너 한국어 아니?
>
> **2.** '주어 + mời + 대상 + 동사'는 '주어가 대상을 동사하도록 초대하다'라는 의미예요.
>
> 예 Chị muốn mời em đến nhà chị.
> 너를 누나/언니 집에 오도록 초대하고 싶어.

🎧 track 8-08

듣기 잘 듣고 빈칸을 채워 보세요.

1. Bây giờ là _____ ?

2. Chị thường ăn sáng _____ mấy giờ?

3. 5 phút _____ , _____ ăn sáng _____ .

4. _____ đi bệnh viện.

읽기 다음 문장을 듣고 발음과 성조에 주의하여 읽어 보세요.

1. Anh muốn mời em ăn bún chả.

2. Mấy giờ chúng ta đi?   3. Bây giờ là 11 giờ 10 phút.

쓰기 1. 다음 낱말을 어순에 맞게 배열하여 문장을 완성해 보세요.

① hai / là / rưỡi / giờ / bây giờ

_____ .

② giờ / phim / bắt đầu / mấy / lúc

_____ ?

③ một / chúng ta / sau / nhé / nói chuyện / tiếng

_____ .

2. 다음 문장을 베트남어로 써 보세요.

① 지금은 7시 15분이에요.

_____

② 기차가 몇 시에 출발해요?

_____

③ 12시에 우리 1층에서 만나자.

_____

그림을 보고 상황에 맞게 대화해 보세요.

• kém 모자란, 부족한

> Xin lỗi, ① _____ ?

> Bây giờ là 2 giờ kém 5 phút.

A   실례지만, 지금 몇 시예요?

B   지금은 2시 5분 전이에요.

T I P

'시 + kém + 분'은 '~시 ~분 전'이라는 뜻이에요.

예 Bây giờ là 5 giờ kém 10 phút.
지금은 5시 10분 전이에요.

> Bây giờ là 5 giờ. ② _____ chúng ta gặp nhau?

> ③ _____ .

A   지금은 5시야. 우리 몇 시에 만날까?

B   우리 5시 반에 만나자.

알아두면 유용한 베트남 시간 정보

한국과 베트남은 2시간의 시차가 있는데, 한국이 베트남보다 2시간 더 빠르답니다. 업무를 볼 때나 여행할 때 참고하세요!

베트남은 해가 일찍 뜨고, 사람들도 보통 아침 5∼6시면 일어나서 활동을 시작해요. 이른 아침에 공원이나 호수 근처에서 운동하는 베트남 사람들을 많이 볼 수 있답니다.

출근 시간도 이릅니다. 7시 반부터 업무를 시작하는 곳도 있는데, 보통은 8시에서 8시 반에 업무가 시작돼요. 하루를 일찍 시작하니 점심밥도 11시나 11시 반부터 먹어요.

베트남 사람들은 점심에 특별한 휴식 시간을 가지는데요. 바로 ngủ trưa (ngủ 자다, trưa 낮/점심)로 불리는 '낮잠' 시간입니다. 새벽부터 하루를 시작하니 피곤하기도 하고, 한낮의 내리쬐는 태양을 잠시나마 피하기 위한 생활의 지혜로 볼 수 있지요. 기관마다 약간의 차이가 있지만, 점심시간은 대체로 오전 11시에서 오후 2시 사이에 한 시간 반에서 두 시간 정도 됩니다. 베트남 사람들은 이 시간을 이용해 점심을 먹고 달콤한 낮잠을 즐기며 충전을 하는 것이지요. 업무를 보거나 여행지를 방문하기 전에 점심시간을 체크해 두면 좋겠지요?

오후 업무는 점심시간에 따라 1시나 1시 반부터 다시 시작해요. 업무 종료 시간도 이른 편으로 오후 5시나 5시 반이면 퇴근합니다.

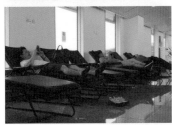

9

날짜

오늘은
월요일이에요.

Hôm nay là thứ Hai.

핵심 표현

Hôm nay là ngày 16 tháng 3.
오늘은 3월 16일이에요.

Hôm nay là thứ 2(Hai).
오늘은 월요일이에요.

Bao giờ em đi?
너는 언제 갈 거니?

핵심 문법

- **날짜 표현**
  ngày(일), tháng(월), năm(년)

- **요일 표현**
  thứ 2, 3, 4,... (월, 화, 수요일...)

- **의문사**
  bao giờ(언제)

- **시제 표현**
  đã(〜했다), đang(〜하고 있다),
  sẽ(〜할 것이다)

track 9-01

Hôm nay là ngày 16 tháng 3.
오늘   이다   일   월

오늘은 3월 16일이에요.

| Hôm nay | + | là | + | ngày 숫자 | + | tháng 숫자 |

오늘은 ~월 ~일이에요

베트남어는 ngày(일), tháng(월), năm(년)의 순서로 날짜를 말해요. ngày bao nhiêu(며칠), tháng mấy(몇 월), năm bao nhiêu(몇 년)로 묻고, 'ngày 숫자', 'tháng 숫자', 'năm 숫자'로 답해요. 그래서 "오늘이 (몇 월) 며칠이에요?"는 hôm nay(오늘)를 넣어 Hôm nay là ngày bao nhiêu (tháng mấy)?로, "오늘은 3월 16일이에요"는 Hôm nay là ngày 16 tháng 3.로 말하면 돼요.

'일, 주, 달, 해' 표현 정리

hôm qua 어제	hôm nay 오늘	ngày mai 내일
tuần trước 지난주	tuần này 이(번) 주	tuần sau 다음 주
tháng trước 지난달	tháng này 이(번) 달	tháng sau 다음 달
năm trước/năm ngoái 작년	năm nay 올해	năm sau/sang năm 내년

표현 익히기

① **Ngày mai là ngày bao nhiêu?** 내일이 며칠이에요?

② **Ngày mai là ngày 25.** 내일은 25일이에요.

- tuần 주
- trước 앞, 전
- này 이

표현 확인하기

① **Hôm nay là _____?** 오늘이 며칠이에요?

② _____ **là ngày 25.** 내일은 25일이에요.

TIP

'4월'은 서수 tư(4)를 사용해서 tháng Tư로 표현하고 나머지 달은 기수로 표현해요.

예 Tháng này là tháng Tư.
이번 달은 4월이에요.

Hôm nay là ngày bao nhiêu?

Hôm nay là ngày 16.

①	Tháng này	tháng mấy	tháng 8
②	Sinh nhật của Linh	ngày bao nhiêu	ngày 31 tháng 12
③	Ngày Phụ nữ Việt Nam	ngày bao nhiêu	ngày 20 tháng 10

- sinh nhật 생일
- ngày Phụ nữ 여성의 날

쓰기 노트

ngày   ngày

tháng   tháng

năm   năm

hôm qua   hôm qua

hôm nay   hôm nay

ngày mai ngày mai

🎧 track 9-03

Hôm nay là thứ 2(Hai).
오늘 　　　이다 ~째, 요일 　　둘

오늘은 월요일이에요.

| Hôm nay | + | là | + | thứ 숫자 |

오늘은 ~요일이에요

요일은 순서를 나타내는 thứ(~째)를 활용해서 'thứ + 숫자'로 표현해요. 달력에 두 번째로 나오는 월요일은 thứ 2/Hai, 일곱 번째인 토요일은 thứ 7/Bảy가 돼요(요일은 숫자나 대문자로 써요). 요일을 물을 때는 thứ mấy(몇 번째)를 써서 "오늘이 무슨 요일이에요?"는 Hôm nay là thứ mấy?로 표현해요. "오늘은 월요일이에요."는 Hôm nay là thứ Hai.로 대답하면 되겠지요?

요일 표현 정리 (일요일만 예외적으로 순서로 말하지 않아요.)

Chủ nhật	thứ 2/Hai	thứ 3/Ba	thứ 4/Tư	thứ 5/Năm	thứ 6/Sáu	thứ 7/Bảy
일요일	월요일	화요일	수요일	목요일	금요일	토요일

표현 익히기

① **Ngày mai là Chủ nhật.** 내일은 일요일이에요.

② **Ngày 20 là thứ mấy?** 20일은 무슨 요일이에요?

③ **Ngày 20 là thứ 3.** 20일은 화요일이에요.

TIP

'수요일'은 서수 tư(4)를 사용해서 '넷째'를 의미하는 thứ Tư로 표현해요.

예 Hôm nay là thứ Tư.
오늘은 수요일이에요.

표현 확인하기

① **Hôm nay là _____?** 오늘이 무슨 요일이에요?

② **Ngày mai là _____.** 내일은 일요일이에요.

③ _____. 20일은 화요일이에요.

128

🎧 track 9-04

Hôm nay là thứ mấy?　　**Hôm nay là thứ 2.**

①	Ngày mai	thứ 3
②	Ngày 13	thứ 4
③	Sinh nhật của Linh	Chủ nhật
④	Ngày Phụ nữ Việt Nam	thứ 6 tuần này

● 쓰기 노트

thứ	thứ
thứ Tư	thứ Tư
thứ Bảy	thứ Bảy
Chủ nhật	Chủ nhật
sinh nhật	sinh nhật
phụ nữ	phụ nữ

track 9-05

Bao giờ em đi?　너는 언제 갈 거니?
언제　　너　가다

bao giờ ＋ 주어 ＋ 동사?

주어는 언제 ~할 거예요?

주어 ＋ 동사 ＋ bao giờ?

주어는 언제 ~했어요?

동작의 시점을 물을 때는 의문사 bao giờ(언제)를 활용해요. 단, bao giờ를 문두에 쓰면 미래의 일을, 문미에 쓰면 과거의 일을 묻는 문장이 돼요. 그래서 동생에게 "너 언제 갈 거니?"라고 물을 때는 Bao giờ em đi?, "너 언제 갔니?"라고 물을 때는 Em đi bao giờ?로 말하면 돼요.

TIP

시제 표현 đã (~했다), đang (~하고 있다), sẽ (~할 것이다)
베트남어 시제 표현은 매우 간단해요. 동사 앞에 đã(과거), đang(현재진행), sẽ(미래)만 붙이면 돼요.
예 Tôi đã học tiếng Việt. 나는 베트남어를 공부했어요.　Tôi sẽ học tiếng Việt. 나는 베트남어를 공부할 거예요.
　　Tôi đang học tiếng Việt. 나는 베트남어를 공부하고 있어요.

표현 익히기

① **Bao giờ anh đi Cần Thơ?** 형은/오빠는 언제 껀터에 갈 거예요?

② **Tuấn về nước bao giờ?** 뚜언은 언제 귀국했어요?

　• nước 나라, 물
　• về nước 귀국하다

표현 확인하기

① _____ **Cần Thơ?** 형은/오빠는 언제 껀터에 갈 거예요?

② **Tuấn** _____? 뚜언은 언제 귀국했어요?

스스로 문형을 연습한 후 음성 파일을 통해 확인하세요.

🎧 track 9-06

Bao giờ em đi?

Thứ 6 tuần sau.

• lập 세우다
• lập gia đình 결혼하다

① **Bao giờ chị ấy đi Sa Pa**   **Tháng sau**
② **Bao giờ em lập gia đình**   **Năm sau**
③ **Chị ấy đi Sa Pa bao giờ**   **Tháng trước**
④ **Em lập gia đình bao giờ**   **Hai năm trước**

🖊 쓰기 노트

bao giờ	bao giờ
đã	đã
đang	đang
sẽ	sẽ
nước	nước
lập	lập

대화문으로 익히기

🎧 track 9-07

세미와 짱은 다음 주에 각각 특별한 일이 있습니다. 서로 대화를 나누며 확인합니다.

Em sẽ đi du lịch Sa Pa. Chị đi với em không ạ?

Bao giờ em đi?

- du lịch 여행
- với ~와/과
- tiếc 유감스럽다
- quá 참, 너무
- vì vậy 그렇기 때문에
- để ~하기 위해
- chúc mừng 축하하다
- quà 선물
- tặng 드리다, 증정하다

Thứ 6 tuần sau ạ.

Tiếc quá! Thứ 4 tuần sau là sinh nhật chị.

Vì vậy, mẹ chị sẽ đến Hà Nội để gặp chị.

Thế à! Chúc mừng sinh nhật chị!

Em sẽ mua quà ở Sa Pa để tặng chị.

Cảm ơn em.

짱	저는 싸빠에 여행을 갈 거예요. 언니 저와 갈래요?
세미	언제 갈 거야?
짱	다음 주 금요일이요.
세미	너무 유감스럽구나! 다음 주 수요일이 내 생일이야. 그래서 우리 어머니가 나를 보기 위해 하노이에 오실 거야.
짱	그렇군요! 생일 축하해요 언니! 저는 언니에게 드리기 위해 싸빠에서 선물을 살 거예요.
세미	고마워 동생.

TIP

1. 앞에서 Thế à?(그래?)를 배웠지요? 물음표 대신 느낌표를 써서 Thế à!로 하면 감탄을 나타내요. 이때는 "그렇구나!, 그렇군요!"로 해석하면 돼요.

2. 'để + 동사'는 '~하기 위해'의 의미를 나타내요.
Tôi học tiếng Việt để đi Việt Nam.
나는 베트남에 가기 위해 베트남어를 공부해요.

듣기 잘 듣고 빈칸을 채워 보세요.

1. Hôm nay là _____.

2. Ngày mai là _____?

3. _____ anh _____?

4. Tôi _____ học tiếng Việt.

읽기 다음 문장을 듣고 발음과 성조에 주의하여 읽어 보세요.

1. Bao giờ em đi?   **2.** Thứ 4 tuần sau là sinh nhật chị.

3. Em sẽ mua quà ở Sa Pa để tặng chị.

쓰기 **1.** 다음 낱말을 어순에 맞게 배열하여 문장을 완성해 보세요.

① ngày mai / bao nhiêu / ngày / là

_____?

② thứ 5 / Việt Nam / là / tuần / Phụ nữ / này

Ngày _____.

③ học / đã / tiếng / tôi / Việt

_____.

2. 다음 문장을 베트남어로 써 보세요.

① 이번 달은 몇 월이에요?

_____

② Linh의 생일은 일요일이에요.

_____

③ 나는 베트남어를 공부할 거예요.

_____

말하기   그림을 보고 상황에 맞게 대화해 보세요.

① _____ ?

Ngày 20 tháng 11.

A <u>베트남 스승의 날은 며칠</u>이야?   • ngày Nhà giáo 스승의 날

B 11월 20일이야.

Em ② _____ ?

Hai năm trước ạ.

A 너는 <u>언제 결혼했</u>어?

B 2년 전에요.

문 화 탐 방

베트남 사람들의 공휴일과 기념일

Tết Dương lịch(양력설),
Tết Nguyên đán(원단절/음력설)
베트남 사람들의 1년 중 최대 명절은 설날이에요.
양력설 1월 1일은 하루를 쉬어요.
음력설(음력 1월 1일)은 **Tết**(뗏)으로도 불려요. 공식 휴일은 5일이지만 일주일 또는 열흘 넘게 쉬는 곳도 있어요. 설날에는 찹쌀, 녹두, 돼지고기가 들어간 **bánh chưng**(바잉 쯩)이라는 떡을 먹어요.

Ngày Giỗ Tổ Hùng Vương(국조기일)
음력 3월 10일로, 베트남 민족의 시조인 훙왕(Hùng Vương)의 기일이에요. 하루를 쉬어요.
(한국의 개천절과 비슷한 날이에요.)

Ngày Giải phóng miền Nam, Thống nhất đất nước
(남부해방, 통일기념일),
Ngày Quốc tế Lao động(국제 노동절)
양력 4월 30일로 1975년 4월 30일에 베트남 남북이 통일된 것을 기념하는 날이에요. 다음날인 양력 5월 1일은 국제 노동절이에요. 각각 하루씩 쉬어요.

Ngày Quốc khánh(국경일)
양력 9월 2일로, 호찌민 베트남 초대 국가주석이 1945년 9월 2일에 하노이 바딩 광장에서 독립선언문을 낭독한 것을 기념하는 날이에요. 이틀 쉬어요.

3월 8일 국제 여성의 날, 음력 8월 15일 중추절(한국의 추석과 달리, 베트남에서는 쉬지 않고 어린이를 위한 날로 여겨요), 10월 20일 베트남 여성의 날, 11월 20일 스승의 날 등도 쉬지는 않지만 중요하게 기념하는 날이랍니다.

10

날씨

오늘 날씨가
어때요?

Hôm nay, thời tiết thế
nào?

핵심 표현

Hôm nay, thời tiết thế nào?
오늘 날씨가 어때요?

Việt Nam nóng hơn Hàn Quốc.
베트남은 한국보다 더워요.

Vì sao em thích mùa thu?
너는 왜 가을을 좋아해?

핵심 문법

- **의문사**

  thế nào (어떠하다)

- **비교 표현**

  A 형용사 hơn B (A는 B보다 ~하다)

- **의문사**

  vì sao (왜)

🎧 track 10-01

Hôm nay, thời tiết thế nào?
오늘   날씨   어떠하다

오늘 날씨가 어때요?

주어는 어때요?

주어의 상태나 성질에 대해 물을 때는 thế nào(어떠하다)라는 의문사를 사용해요. 만약, 오늘 날씨가 어떤지 묻고 싶다면 hôm nay(오늘), thời tiết(날씨)을 사용해서 Hôm nay, thời tiết thế nào?(오늘 날씨가 어때요?)로 표현하면 된답니다. 대답할 때는, 보통 '하늘'을 뜻하는 trời를 주어로 사용하고 그 다음에 날씨 표현을 붙여서 'trời + 날씨 표현(날씨가 ~해요)'으로 말해요.

날씨 표현

ấm 따뜻하다	nóng 덥다	mát 시원하다	lạnh 춥다
đẹp 좋다	nắng 해가 비치다	mưa 비가 오다	có tuyết 눈이 오다

◖ **표현 익히기**

A **Ngày mai, thời tiết thế nào?** 내일 날씨는 어때요?

B **Ngày mai, trời sẽ mưa.** 내일은 비가 올 거예요.

◖ **표현 확인하기**

① **Hôm nay, _____?** 오늘 날씨는 어때요?

② **Hôm nay, trời lạnh.** 오늘 날씨는 _____.

track 10-02

Hôm nay, thời tiết thế nào?

Hôm nay, trời nóng.

① ấm
② mát
③ đẹp
④ nắng
⑤ mưa

🌙 **쓰기 노트**

thời tiết	thời tiết
trời	trời
ấm	ấm
mát	mát
nắng	nắng
mưa	mưa

🎧 track 10-03

Việt Nam nóng hơn Hàn Quốc.

베트남   덥다   ~보다   한국

베트남은 한국보다 더워요.

A는 B보다 ~해요

두 대상을 비교할 때는 '~보다'의 뜻을 가진 hơn을 사용하는데요. 기준 대상 A와 비교 대상 B의 상태나 성질을 비교하는 표현 'A는 B보다 ~해요'는 'A + 형용사 + hơn + B'로 말해요. 만약 "베트남은 한국보다 더워요"라는 문장을 말하고 싶다면 형용사 nóng(덥다)을 사용하여 Việt Nam nóng hơn Hàn Quốc으로 표현하면 돼요.

계절 표현

mùa xuân 봄	mùa hè 여름	mùa thu 가을
mùa đông 겨울	mùa mưa 우기	mùa khô 건기

📗 표현 익히기

① **Tuấn trẻ hơn tôi.** 뚜언은 나보다 어려요.

② **Hôm nay lạnh hơn hôm qua.** 오늘은 어제보다 추워요.

③ **Mùa hè Việt Nam nóng hơn mùa hè Hàn Quốc.**
베트남의 여름은 한국의 여름보다 더워요.

• mùa 계절
• trẻ 젊다, 어리다

📗 표현 확인하기

① **Việt Nam nóng** _____ **Hàn Quốc.** 베트남은 한국보다 더워요.

② _____ **hôm qua.** 오늘은 어제보다 추워요.

③ _____. 뚜언은 나보다 어려요.

🎧 track 10-04

Việt Nam nóng hơn Hàn Quốc.

①	Hùng	cao	Tuấn
②	Em gái tôi	thấp	tôi
③	Hiền	thông minh	Lâm
④	Xe máy của chị	tốt	xe máy của tôi

- cao 높다, 키가 크다
- thấp 낮다, 키가 작다
- thông minh 똑똑하다
- xe máy 오토바이
- tốt 좋다

🌙 쓰기 노트

mùa   mùa

trẻ   trẻ

cao   cao

thấp   thấp

thông minh   thông minh

🎧 track 10-05

Vì sao em thích mùa thu?

왜   동생   좋아하다   가을

너는 왜 가을을 좋아해?

Vì sao ➕ 주어 ➕ **동사/형용사?**

주어는 왜 ~해요?

이유를 물어볼 때는 문장 맨 앞에 의문사 vì sao(왜)를 써서 'Vì sao + 주어 + 동사/형용사?'로 표현해요. 대답할 때는 vì(~하기 때문에)와 nên(그래서)을 사용하여 'vì + 주어 + 동사/형용사'(주어가 ~하기 때문에요)' 또는 'vì + A(이유/원인) + nên + B(결과)'(A하기 때문에 그래서 B해요)'로 표현하면 돼요. 예문처럼 동생에게 가을을 좋아하는 이유를 물었을 때, 날씨가 시원해서 가을을 좋아한다고 대답하고 싶으면 Vì trời mát(날씨가 시원하기 때문이에요) 또는 Vì trời mát nên em thích mùa thu(날씨가 시원해서 저는 가을을 좋아해요)로 표현하면 된답니다.

🔵 **표현 익히기**

• món ăn 음식
• ngon 맛있다

① A **Vì sao bạn thích Việt Nam?** 너는 왜 베트남을 좋아해?

   B **Vì món ăn Việt Nam rất ngon.** 베트남 음식이 매우 맛있기 때문이야.

② A **Vì sao chị học tiếng Việt?** 누나/언니는 왜 베트남어를 공부해요?

   B **Vì chị sẽ làm việc ở Việt Nam nên chị học tiếng Việt.**
     나는 베트남에서 일할 거라서 베트남어를 공부해.

🔵 **표현 확인하기**

① _____ **em thích mùa thu?** 너는 왜 가을을 좋아해?

② **Vì** _____ **nên** _____. 날씨가 시원해서 저는 가을을 좋아해요.

③ _____ **nên chị học tiếng Việt.** 나는 베트남에서 일할 거라서 베트남어를 공부해.

track 10-06

Vì sao em thích mùa thu?

Vì trời mát nên
em thích mùa thu.

①	dậy muộn	em mệt
②	đến muộn	dậy muộn
③	buồn	chị Hoa không đến
④	không đi dạo	trời mưa

- dậy 일어나다
- muộn 늦다
- buồn 슬프다
- đi dạo 산책하다

🔊 쓰기 노트

dậy   dậy
_____

muộn   muộn
_____

buồn   buồn
_____

đi dạo   đi dạo
_____

track 10-07

세미와 뚜언이 날씨와 계절에 관한 대화를 나눕니다.

Hôm nay, trời nóng quá!
Thời tiết mùa hè ở Hàn Quốc cũng nóng, phải không?

Vâng. Nhưng em thấy mùa hè Việt Nam nóng hơn mùa hè Hàn Quốc.

Thế à! Em có thích mùa hè không?

• nhưng 그러나, 하지만
• thấy 보다, 느끼다, 생각하다
• phong cảnh 풍경

Không. Em thích mùa thu.

Vì sao em thích mùa thu?

Vì trời mát và phong cảnh cũng rất đẹp nên em thích mùa thu.

뚜언	오늘은 날씨가 참 덥구나! 한국의 여름 날씨도 덥니?
세미	네. 하지만 저는 베트남 여름이 한국 여름보다 덥다고 느껴요.
뚜언	그렇구나! 너는 여름을 좋아하니?
세미	아니요. 저는 가을을 좋아해요.
뚜언	너는 왜 가을을 좋아하니?
세미	왜냐하면 날씨가 시원하고 풍경도 매우 아름답기 때문에 저는 가을을 좋아해요.

track 10-08

듣기 잘 듣고 빈칸을 채워 보세요.

1. Hôm nay, thời tiết _____?

2. _____ rất ngon.

3. _____ chị học tiếng Việt?

읽기 다음 문장을 듣고 발음과 성조에 주의하여 읽어 보세요.

1. Hôm nay, trời nóng quá!

2. Vì sao em thích mùa thu?

3. Vì trời mát và phong cảnh cũng rất đẹp.

쓰기 **1.** 다음 낱말을 어순에 맞게 배열하여 문장을 완성해 보세요.

① hơn / nóng / mùa hè / Hàn Quốc

Mùa hè Việt Nam _____.

② em / vì / mát / nên / trời / thích / mùa thu

_____.

2. 다음 문장을 베트남어로 써 보세요.

① 제 여동생은 저보다 키가 작습니다.

_____

② 저는 베트남에서 일할 것이기 때문에 베트남어를 배웁니다.

_____

③ 오늘 비가 옵니다.

_____

연습문제 2

스스로 말하기 연습을 한 후 음성 파일을 통해 확인하세요.

 track 10-09

 그림을 보고 상황에 맞게 대화해 보세요.

① _____ ?

Vì tôi sẽ sống ở Việt Nam nên tôi học tiếng Việt.

A 당신은 베트남어를 왜 배우세요?

B 나는 베트남에서 살 거라서 베트남어를 배워요.

Hôm nay, thời tiết Hà Nội thế nào?

② _____ .

A 오늘 하노이 날씨가 어때?

B 오늘은 해가 비쳐.

문 화 탐 방

같은 날
다른 기온

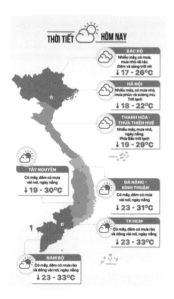

요즘 베트남으로 여행 가시는 분들이 참 많은데요. 그래서 "곧 베트남 가는데 날씨가 어때요?"라고 물어보시는 분들이 꽤 많습니다. 그럼 "어느 지역으로 가시는데요?"라고 되물어봅니다. 왜냐하면 베트남은 북쪽 끝에서 남쪽 끝까지의 길이가 약 1,650km에 달하는 긴 지형이기 때문에 지역에 따라 기후가 많이 다르거든요. 북부 지역은 봄, 여름, 가을, 겨울의 사계절이 있지만, 남부 지역은 일 년 내내 덥고 우기와 건기만 있는 것처럼요. 옆에 있는 날씨 정보는 2월의 베트남 기온이에요. 하노이(Hà Nội)는 최고 기온이 22도인 반면 호찌밍시(Thành phố Hồ Chí Minh)는 33도예요. 달라도 너무 다르지요? ^^

꽃의 도시로 불리는 달랏(Đà Lạt)은 연중기온이 15~25도 정도로 한국의 봄 날씨와 비슷해요. 그래서 베트남 사람들이 선호하는 휴양지 중 하나랍니다.

눈 내리는 베트남을 상상해 보셨나요? 베트남 북단 지역에 위치한 싸빠(Sa Pa)는 겨울에 눈이 내리기도 해요.

베트남이 동남아시아 국가라서 모든 지역이 일 년 내내 더울 것이라고만 생각하시는 분들이 많은데요. 실제로는 이렇게 다양한 기후를 가지고 있답니다.

11

쇼핑

이거 얼마예요?

Cái này bao nhiêu tiền?

핵심 표현

Cái này bao nhiêu tiền?
이것은 얼마예요?

Anh bớt một chút, được không?
조금 깎아 줄 수 있어요?

Cho tôi 2 cái.
두 개 주세요.

핵심 문법

- **분류사**

  cái, con

- **가능 표현**

  được không? (가능해요?)

- **cho 용법**

  cho + 사람 + 명사 (～에게 ～을/를 주세요)

🎧 track 11-01

Cái này bao nhiêu tiền?　이것은 얼마예요?

분류사(사물)　이　　　얼마나　　　돈

명사　**+**　**bao nhiêu**　**+**　**tiền?**

명사는 얼마예요?

가격을 물을 때는 의문사 bao nhiêu(얼마나)와 tiền(돈)을 사용해서 '명사 + bao nhiêu tiền?'(~은/는 얼마예요?)으로 표현해요. 예문처럼 "이것은 얼마예요?"라고 묻고 싶을 때는 분류사 cái(아래 tip을 참고하세요)와 này(이)를 합친 cái này(이것)를 사용하여 Cái này bao nhiêu tiền?으로 표현하면 됩니다. 만약, 물건의 가격이 '5만 동'이라면 Cái này năm mươi nghìn đồng(이것은 5만 동이에요) 또는 간단하게 Năm mươi nghìn đồng(5만 동이에요)으로 말하면 됩니다.

T I P

분류사 cái, con
분류사는 명사 앞에 놓여 그 명사의 종류를 구별해 주는 말로, 명사가 사물이면 cái, 동물이면 con을 사용해요.
분류사는 한국어의 '이, 그, 저'에 해당하는 này, đó, kia와 결합하여 지시대명사의 역할을 하기도 해요.
예 A Cái áo này bao nhiêu tiền?　이 옷은 얼마예요?
　　 B Cái này hai trăm nghìn đồng.　이것은 20만 동이에요.
수량을 나타내는 말과 함께 '수량 명사 + 분류사 + 명사'로 쓰여 단위 명사의 역할을 하기도 하는데, 이때 cái는 '개', con은 '마리'의 의미를 가져요.
예 Tôi nuôi hai con mèo.　나는 고양이 두 마리를 키워요.

🔵 **표현 익히기**

A **Cái túi xách này bao nhiêu tiền?**　이 핸드백 얼마예요?

B **Cái đó sáu trăm nghìn đồng.**　그것은 60만 동이에요.

- áo 옷(상의)
- nuôi 키우다, 기르다
- mèo 고양이
- túi xách 핸드백

🔵 **표현 확인하기**

① **Cái này** _____**?**　이것은 얼마예요?

② _____ **hai mươi nghìn đồng.**　그것은 2만 동이에요.

150

> **Cái này bao nhiêu tiền?**   **Năm mươi nghìn đồng.**

① Cái nón lá này   Sáu mươi nghìn

② Cái áo dài này   Một triệu

③ Cái kia   Bốn mươi nghìn

④ Cái đồng hồ kia   Bảy trăm nghìn

⑤ Cái đó   Hai mươi lăm nghìn

• nón lá 논라(베트남 전통모자)
• áo dài 아오자이(베트남 전통의상)
• đồng hồ 시계

쓰기 노트

áo	áo
mèo	mèo
túi xách	túi xách
áo dài	áo dài
đồng hồ	đồng hồ

🎧 track 11-03

Anh bớt một chút, được không?

형/오빠   깎다   조금   가능해요?

조금 깎아 줄 수 있어요?

| 주어 | + | 동사, | + | được không? |

주어가 ~하는 것이 가능해요?

물건 값을 깎을 때는 가능 여부를 물을 때 사용하는 표현 được không?(가능해요?)을 써서 '주어 + 동사, được không?'(주어가 ~하는 것이 가능해요?/괜찮아요?)으로 말할 수 있어요. được은 3 과에서 배운 '~하게 되다'의 의미 이외에 '되다, 가능하다, ~할 수 있다'라는 뜻도 있어요. 따라서 '돼요/가능해요/괜찮아요'라는 긍정의 대답은 Được으로, '안 돼요/가능하지 않아요/괜찮지 않아요'라는 부정의 대답은 Không được으로 표현하면 돼요. 만약, 상점에서 주인에게 가격을 조금 깎아줄 수 있는지 묻고 싶다면, anh(형/오빠), bớt(깎다) 또는 giảm giá(할인하다), một chút(조금) 을 사용해서 Anh bớt một chút, được không?(조금 깎아 줄 수 있어요?)라고 말하면 돼요.

🔵 **표현 익히기**

A **Em ăn bánh này, được không?**   • bánh 빵, 과자, 떡
제가 이 빵을 먹는 것이 괜찮아요?(제가 이 빵을 먹어도 돼요?)

B **Được.** 괜찮아/돼.

🔵 **표현 확인하기**

① **Chị** _____**?** 조금 깎아 줄 수 있어요?

② **Em ăn bánh này, được không?** 제가 _____?

152

스스로 문형을 연습한 후 음성 파일을 통해 확인하세요.

🎧 track 11-04

Anh bớt một chút, được không?

Vâng, được.

① Lát nữa, em   đón anh
② Bây giờ, tôi   về nhà
③ Bác   uống trà này
④ Bây giờ, em   giúp anh một chút
⑤ Cuối tuần này, chị   đến thăm em

• lát nữa 잠시 뒤
• đón 마중하다, 데리러 가다/오다
• giúp 돕다
• thăm 방문하다
• cuối tuần 주말

📖 쓰기 노트

bánh	bánh

cuối tuần	cuối tuần

lát nữa	lát nữa

đón	đón

giúp	giúp

🎧 track 11-05

 Cho tôi 2(hai) cái.   나에게 두 개 주세요.
주다   나   둘   개

Cho ➕ 사람 ➕ **명사**

~에게 ~을/를 주세요

"누구에게 무엇을 주세요"라고 요구할 때, 'Cho + 사람 + 명사'로 표현해요. 예를 들어, 펜을 산다면 사물 분류사 cái와 bút(펜)을 사용하여 Cho tôi cái bút này(이 펜을 주세요)라고 표현할 수 있어요. 만약, 수량을 함께 말한다면 '숫자 + 분류사 + (해당 명사)'의 순서로 표현하여 Cho tôi hai cái bút(펜 두 개 주세요) 또는 Cho tôi hai cái(두 개 주세요)로 말하면 돼요. 반대로, 상인이 손님에게 몇 개를 구매할 것인지를 물을 때는, lấy(가져가다)나 mua(사다), 수량 의문사 mấy(몇)를 활용하여 Anh/Chị lấy mấy cái?(몇 개 가져가실래요?) 또는 Anh/Chị mua mấy cái?(몇 개 사실래요?)로 표현하면 된답니다.

🔵 **표현 익히기**

① A **Em lấy mấy cái bút?** 너는 펜 몇 개를 가져갈 거니?

   B **Cho em 2 cái bút ạ.** 펜 2개 주세요.

② A **Anh mua mấy cái ghế?** 의자 몇 개 사시겠어요?   • ghế 의자

   B **Cho tôi 4 cái.** 4개 주세요.

🔵 **표현 확인하기**

① **Chị** _____**?** 의자 몇 개 가져가시겠어요?

② _____ **4 cái.** (나에게) 4개 주세요.

🎧 track 11-06

Cho tôi 2 cái.

① tôi   cái này

② chị   1 con cá

③ anh   cái kia

④ cháu   20 con tôm

⑤ tôi   3 cái áo sơ mi

• cá 생선
• tôm 새우
• áo sơ mi 와이셔츠

🔵 쓰기 노트

bút	bút
ghế	ghế
cá	cá
tôm	tôm
áo sơ mi	áo sơ mi

세미는 베트남 기념품 가게에서 예쁜 아오자이 인형을 발견했습니다. 흥정을 통해 2개를 구매하려고 합니다.

 Cái này đẹp quá! Anh ơi, cái này bao nhiêu tiền?

 Cái đó 200 nghìn đồng.

 Hơi đắt. Anh bớt một chút, được không?

• hơi 약간, 조금
• đắt 비싸다

 Không được.

 Tôi sẽ mua 2 cái.
Một cái 170 nghìn đồng, được không?

 Vâng, được.

 Cảm ơn anh. Cho tôi 2 cái.

세미	이거 참 예쁘다! 여기요, 이거 얼마예요?
판매원	그거 20만 동이에요.
세미	약간 비싸요. 좀 깎아 줄 수 있어요?
판매원	안 돼요.
세미	나는 두 개 살 거예요. 한 개 17만 동에 돼요?
판매원	네, 가능해요.
세미	감사합니다. 두 개 주세요.

TIP

quá와 hơi는 모두 정도를 나타내는 부사입니다. quá는 '참, 너무'라는 뜻이며 서술어 앞, 뒤에 모두 놓일 수 있는데 앞에 위치하면 정도나 한계를 지나치게 넘었음을 강조해요. hơi는 '약간, 조금'이라는 뜻이며 서술어 앞에 위치해요.

예 Hôm nay, trời nóng quá!
오늘은 날씨가 참 덥구나!

Hôm nay, trời quá nóng!
오늘은 날씨가 지나치게 덥구나!

Hôm nay, trời hơi nóng.
오늘은 날씨가 조금 더워.

🎧 track 11-08

듣기　잘 듣고 빈칸을 채워 보세요.

1. Cái này _____ ?

2. Anh bớt một chút, _____ ?

3. _____ tôi 2 cái.

읽기　다음 문장을 듣고 발음과 성조에 주의하여 읽어 보세요.

1. Cái đó hai trăm nghìn đồng.

2. Cái này đẹp quá!

3. Tôi sẽ mua 2 cái.

쓰기　**1.** 다음 낱말을 어순에 맞게 배열하여 문장을 완성해 보세요.

① cái / chị / mấy / mua

_____ ?

② cái / này / tiền / túi xách / bao nhiêu

_____ ?

③ tôi / 10 / tôm / con / cho

_____ .

2. 다음 문장을 베트남어로 써 보세요.

① 당신은 몇 개를 가져가실(사실)래요?

_____

② 저것은 4만 동입니다.

_____

③ 지금 형이 저를 잠깐 도와줄 수 있어요?

_____

그림을 보고 상황에 맞게 대화해 보세요.

> Chị ơi,
> ① _____ ?

> Cái đó 200 nghìn đồng.

A 언니, 이거 얼마예요?

B 그것은 20만 동입니다.

> Hơi đắt!
> ② _____ ?

> Vâng, được ạ.

A 좀 비싸네요! 조금 깎아줄 수 있어요?

B 네, 가능해요.

베트남 화폐

베트남 화폐 단위는 đồng(동)이고, 줄여서 đ라고 써요. 지폐는 100동부터 50만 동까지 12종류, 동전은 200동부터 5천 동까지 5종류가 있는데, 현재 100동·200동·500동 지폐와 동전들은 거의 사용되지 않아요. 지폐의 앞면에는 베트남 초대 국가주석인 호찌밍(Hồ Chí Minh) 주석의 모습이, 뒷면에는 유적지와 관광지 등이 그려져 있답니다. 2023년 2월 기준으로, 1달러는 약 23,000동이에요.

수도 하노이(Hà Nội)의 전통시장

새로운 도시를 여행할 때 그곳의 전통시장을 구경하는 것도 큰 재미지요. 하노이의 대표적인 전통시장 동쑤언 시장(chợ Đồng Xuân)과 홈 시장(chợ Hôm)을 소개합니다.

동쑤언 시장은 '없는 것 빼고 다 있는' 명실공히 가장 규모가 크고 유명한 시장입니다. 1889년부터 존재하였으니 역사가 정말 오래되었지요. 3층, 5개 구역으로 나뉘어 있어서 둘러보는 데도 시간이 꽤 오래 걸린답니다. 주말에는 건물 밖으로 야시장이 길게 늘어서요. 그 규모 또한 엄청나서 낮, 밤으로 즐길 것이 많은 시장이에요.

홈 시장은 예전에는 오후에만 식재료 판매 위주로 열렸던 시장인 데 요즘에는 거의 모든 상품을 취급하는 하노이에서 두 번째로 규모가 큰 시장이에요. 특히 여러 가지 천 종류를 팔기 때문에 옷, 커튼, 이불 등을 제작하고자 한다면 이 시장을 놓쳐서는 안 된답니다.

chợ Đồng Xuân

chợ Hôm

12

음식

퍼 한 그릇 주세요.

Cho tôi một bát phở.

핵심 표현

Anh ơi, cho tôi xem thực đơn.
여기요, 메뉴를 보여주세요.

Cho tôi một bát phở.
퍼 한 그릇 주세요.

Phở bò hay phở gà?
소고기 퍼요 아니면 닭고기 퍼요?

핵심 문법

- **cho 용법**
  cho + 사람 + 동사 (~로 하여금 ~하게 해주세요)

- **숫자 + 식기류 단위 명사 + 음식명**
  (음식명 ~ 그릇/접시/병)

- **선택의문문**
  hay (혹은, 아니면)

🎧 track 12-01

Anh ơi, cho tôi xem thực đơn.
형/오빠 ~야 ~하게 하다 나 보다 메뉴

여기요, 메뉴를 보여주세요.

cho ➕ **사람** ➕ **동사**

~로 하여금 ~하게 해주세요

어떤 행동을 할 수 있게 해 달라고 요청할 때는 'cho + 사람 + 동사'('사람'으로 하여금 '동사'하게 해주세요)로 말하면 되는데요. 예문처럼 여러분이 종업원에게 메뉴판을 보여 달라고 요청하고 싶다면, tôi(나), xem(보다), thực đơn(메뉴)을 사용해서 Cho tôi xem thực đơn이라고 표현하면 돼요. 직역을 하면, "나로 하여금 메뉴를 보게 해주세요."이고, 이는 "메뉴를 보여주세요."의 의미가 되는 것이죠.

◖ **표현 익히기**

① **Cho em biết tên của chị.**
저로 하여금 누나/언니의 이름을 알게 해주세요(누나/언니의 이름을 알려주세요).

② **Cho em mượn xe đạp của anh.**
저로 하여금 형/오빠의 자전거를 빌리게 해주세요(형/오빠의 자전거를 빌려주세요).

③ **Cho tôi xem cái áo sơ mi màu trắng.**
나로 하여금 흰색 셔츠를 보게 해주세요(흰색 셔츠를 보여주세요).

• mượn 빌리다
• xe đạp 자전거
• màu 색깔
• trắng 하얗다

◖ **표현 확인하기**

① _____ **thực đơn.** 메뉴를 보여주세요.

② **Cho em biết tên của chị.** _____.

③ **Cho em** _____. 형/오빠의 자전거를 빌려주세요.

track 12-02

Cho tôi xem thực đơn.

① anh   mượn áo mưa
② cháu   hỏi một chút
③ tôi   gặp anh Tuấn
④ chị   mượn cái bút của em
⑤ tôi   xem cái đồng hồ này
⑥ em   biết số điện thoại của anh

- áo mưa 우비(비옷)
- một chút 잠시, 조금
- đồng hồ 시계
- số 번호

🔊 쓰기 노트

mượn	mượn

xe đạp	xe đạp

màu	màu

trắng	trắng

áo mưa	áo mưa

một chút	một chút

track 12-03

Cho tôi một bát phở. 퍼 한 그릇 주세요.
주다 나 1(하나) 그릇 퍼(쌀국수의 일종)

Cho 사람 + **숫자** + **식기류 단위 명사** + **음식명**

음식명 ~ 그릇/접시/병 주세요

무언가를 주문할 때는 11과에서 배운 물건 구매 표현 'Cho + 사람 +명사'(~을/를 주세요)를 활용하면 되는데요. 'Cho + 사람' 다음에 주문하고자 하는 음식의 수량, 그 음식이 담기는 식기류를 나타내는 단어, 그리고 음식명을 차례로 써서 'Cho + 사람 + 숫자 + 식기류 단위 명사 + 음식명'(사람에게 음식명 ~ 그릇/접시/병 주세요)으로 표현하면 돼요.

식기류 표현

bát 그릇	đĩa 접시	cốc 컵, 잔	chai 병	lon 캔

TIP

Cho는 '주다, ~하게 하다, ~에게' 등 여러가지 뜻을 가지고 있는 단어예요. 각각의 쓰임을 잘 익혀두세요!

표현 익히기

• nướng 굽다
• đá 얼음, (공을) 차다

① **Cho em một đĩa tôm nướng.** 저에게 구운 새우 한 접시 주세요.

② **Cho chúng tôi hai cốc cà phê sữa đá.** 우리에게 아이스밀크커피 두 잔 주세요.

표현 확인하기

① _____. 우리에게 아이스밀크커피 두 잔 주세요.

② **Cho tôi** _____. 저에게 퍼 한그릇 주세요.

🎧 track 12-04

Cho tôi một bát phở.

① hai   đĩa   nem rán
② ba   cốc   trà đá
③ bốn   chai   nước
④ năm   bát   cháo gà
⑤ sáu   cốc   sinh tố xoài
⑥ bảy   lon   bia

- rán 튀기다
- nem rán 냄잔(베트남 음식)
- trà 차(茶)
- trà đá 짜다(아이스 허브티)
- cháo 죽
- sinh tố 씽또(베트남식 스무디)
- xoài 망고
- bia 맥주

쓰기 노트

bát   bát

đĩa   đĩa

cốc   cốc

chai   chai

lon   lon

track 12-05

Phở bò hay phở gà?

퍼　소　아니면　퍼　닭

소고기 퍼요 아니면 닭고기 퍼요?

A예요 아니면 B예요?

둘 중 하나를 선택하는 의문문을 만들 때는, '혹은, 아니면'의 뜻을 가진 hay를 사용하면 되는데요. 의문문이지만 별도의 의문사를 쓰지 않고, hay를 선택 대상의 사이에 놓아 'A hay B?'(A예요 아니면 B예요?)로 표현하면 됩니다. 그렇다면 손님이 주문하려는 퍼가 소고기 퍼(phở bò)인지 닭고기 퍼(phở gà)인지를 묻는 종업원의 질문, "소고기 퍼요 아니면 닭고기 퍼요?"는 어떻게 말하면 될까요? Phở bò hay phở gà? 입니다.

◗ **표현 익히기**

① **Em ăn phở hay cơm rang?** 너는 퍼를 먹을래 아니면 볶음밥을 먹을래?

② **Anh thích núi hay biển?** 형은/오빠는 산을 좋아해요 아니면 바다를 좋아해요?

③ **Chị uống sinh tố xoài hay sinh tố bơ?**
누나/언니는 망고 씽또를 마실래요 아니면 아보카도 씽또를 마실래요?

• cơm rang 볶음밥
• núi 산
• biển 바다
• bơ 아보카도

◗ **표현 확인하기**

① **Phở bò _____ phở gà?** 소고기 퍼요 아니면 닭고기 퍼요?

② **Anh _____?** 형은/오빠는 산을 좋아해요 아니면 바다를 좋아해요?

③ **Chị uống sinh tố xoài hay sinh tố bơ? _____?**

track 12-06

① mùa hè   mùa đông
② trà   cà phê
③ màu đen   màu trắng
④ phim hài   phim hành động
⑤ Hà Nội   Thành phố Hồ Chí Minh
⑥ thịt bò   thịt lợn

Em thích phở bò hay phở gà?

- đen 검다
- phim hài 코믹 영화
- phim hành động 액션영화
- thịt 고기
- bò 소
- lợn 돼지

쓰기 노트

núi	núi
biển	biển
phim hài	phim hài
phim hành động	phim hành động
thịt	thịt
lợn	lợn

track 12-07

세미는 평소에 자신을 많이 도와주는 직장동료 짱에게 식사를 대접하려고 합니다.
세미와 짱은 식당에서 여러 가지 맛있는 베트남 음식을 주문합니다.

 Anh ơi, cho tôi xem thực đơn.

 Dạ, đây ạ.

(một lát sau)

· dạ 네/예
· một lát 잠시
· dùng 드시다
· bánh xèo 바잉쌔오(베트남식 부침개)
· rau muống 공심채
· xào 볶다
· tỏi 마늘

 Hai chị dùng gì ạ?

 Cho chúng tôi hai bát phở, một đĩa nem rán, một đĩa bánh xèo và một đĩa rau muống xào tỏi.

 Chị ăn phở bò hay phở gà?

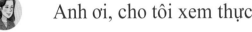 Phở bò.

세미	여기요, 메뉴판 좀 보여주세요.
종업원	네, 여기 있습니다.
	(잠시 후)
종업원	두 분 무엇을 드시겠어요?
세미	퍼 두 그릇, 냄잔 한 접시, 바잉쌔오 한 접시와 공심채볶음 한 접시 주세요.
종업원	소고기 퍼를 드세요 아니면 닭고기 퍼를 드세요?
세미	소고기 퍼요.

TIP

1. 동사 dùng은 본래 '사용하다, 이용하다'의 의미가 있지만, ăn(먹다)과 uống(마시다)의 높임 표현으로도 쓰여 '드시다'의 의미도 가진답니다.

2. 음식 이름을 잘 살펴보면 그 음식을 만드는 재료와 방법을 나타내는 단어가 있어요. '공심채볶음'은 베트남어로 보통 rau muống xào tỏi라고 하는데요. rau는 '채소', rau muống은 '공심채', xào는 '볶다', tỏi는 '마늘'이에요. 따라서 rau muống xào tỏi는 '마늘을 넣어 볶은 공심채'라는 뜻이랍니다.

듣기　잘 듣고 빈칸을 채워 보세요.

1. Cho tôi _____.

2. Cho tôi _____.

3. Phở bò _____ phở gà?

읽기　다음 문장을 듣고 발음과 성조에 주의하여 읽어 보세요.

1. Cho tôi xem thực đơn.

2. Hai chị dùng gì ạ?

3. Cho chúng tôi hai cốc trà đá.

쓰기　**1.** 다음 낱말을 어순에 맞게 배열하여 문장을 완성해 보세요.

① anh / của / mượn / xe đạp

Cho em _____.

② em / cho / đĩa / một / tôm / nướng

_____.

③ thích / hay / anh / núi / biển

_____?

2. 다음 문장을 베트남어로 써 보세요.

① 나에게 맥주 두 캔을 주세요.

_____

② 제게 누나/언니의 이름을 알려주세요.

_____

③ 너(친구)는 코미디 영화를 좋아해 아니면 액션영화를 좋아해?

_____

스스로 말하기 연습을 한 후 음성 파일을 통해 확인하세요.

🎧 track 12-09

 그림을 보고 상황에 맞게 대화해 보세요.

> Anh ơi, ① _____.
>
> Dạ, đây ạ.

A 여기요, 메뉴 좀 보여주세요.

B 네, 여기요.

> Anh dùng gì ạ?
>
> ② _____.

A 무엇을 드시겠습니까?

B 퍼 한 그릇 주세요.

지역별 특산 음식

Cơm tấm Sài Gòn

더 이상의 설명은 필요 없는, 한국인에게 가장 널리 알려진 베트남 음식 phở는 하노이 음식입니다. 위에 올라가는 고기의 종류에 따라 phở bò(소), phở gà(닭)으로 나뉘고 phở bò는 다시 고기의 익힘 정도에 따라 phở tái(덜 익음)와 phở chín(완전히 익음)으로 나뉘어요.

cơm cháy Ninh Bình은 Ninh Bình 지역의 것으로 말린 누룽지(cơm cháy)를 먹기 전에 튀겨 짭짤한 음식들을 그 위에 올려서 먹는 것이에요. 누룽지를 튀기니 식감이 너무 바삭하고 맛있어요. 베트남에서는 누룽지를 하나의 요리로서 즐긴다는 것이 신기해요.

중부지방에서 유명한 면 요리는 mì quảng이에요. 해안이 가까워 새우를 고명으로 얹는 것이 특징이며 국물은 자작하게 깔려있어요. 맛은 자극적이지 않고 담백한데 라이스페이퍼 튀긴 것을 부수어서 같이 먹으면 바삭한 식감이 더해져 어느덧 한 그릇을 다 비우게 돼요.

깨진 쌀로 지은 밥이란 뜻인 cơm tấm은 흉년에 먹을 것이 없어 어쩔 수 없이 깨진 쌀로 밥을 지어 반찬과 먹던 것에서 유래한 호찌밍시 음식이에요. 특이하게 이 음식은 포크로 먹는데요. 그 이유는 프랑스 식민지 시대에 이 음식 유명해지면서 외국인들이 포크를 사용해서 이 음식을 먹었기 때문이에요.

Phở Hà Nội

Mì Quảng miền Trung

Cơm cháy Ninh Bình

13

이동

형은/오빠는
보통 무엇으로
회사에 와요?

Anh thường đến công ti
bằng gì?

핵심 표현

Nhà tôi ở sau khách sạn HN.
우리 집은 HN 호텔 뒤에 있어요.

Anh đi làm bằng gì?
오빠는 무엇으로 일하러 가요?

Đi bằng xe máy mất bao lâu?
오토바이로 가면 얼마나 걸려요?

핵심 문법

- ở + 위치 명사 + 장소 명사
  (〜에 있어요)

- 수단 표현
  bằng (〜으로)

- 소요 시간 표현
  mất bao lâu (얼마나 오래 걸려요)

🎧 track 13-01

Nhà tôi ở sau khách sạn HN.

집 나 ~에 있다 뒤 호텔

우리 집은 HN 호텔 뒤에 있어요.

| 주어 | + | ở | + | 위치 명사 | + | 장소 명사 |

주어는 ~에 있어요

ở는 '~에/~에서'의 의미를 가지는 말이었지요? 이외에도 존재를 나타내는 '~에 있다'의 뜻을 가진 동사로도 사용됩니다. 따라서 주어 뒤에 바로 동사 ở를 쓰고 장소를 나타내는 말을 쓰면 '주어는 ~에 있어요'라는 의미예요. 위, 아래, 앞, 뒤 등의 구체적인 위치를 나타내는 말과 함께 쓸 때는 '주어 + ở + 위치 명사 + 장소 명사'의 순서로 써주면 돼요. 만약, 자신의 집이 HN 호텔의 뒤쪽에 있다고 말하고 싶다면 nhà(집), sau(뒤), khách sạn(호텔)을 사용해서 Nhà tôi ở sau khách sạn HN(우리 집은 HN 호텔 뒤에 있어요)로 표현하면 된답니다.

위치 명사

trên 위	dưới 아래	trước 앞	sau 뒤	cạnh 옆

🔵 표현 익히기

① A **Ngân hàng ở đâu?** 은행은 어디에 있어요?

                                                     • siêu thị 슈퍼마켓

    B **Ngân hàng ở cạnh siêu thị ABC.** 은행은 ABC 슈퍼마켓 옆에 있어요.

② A **Con mèo ở đâu?** 고양이는 어디에 있어요?

    B **Con mèo ở dưới bàn.** 고양이는 탁자 아래에 있어요.

🔵 표현 확인하기

① **Ngân hàng** _____. 은행은 ABC 슈퍼마켓 옆에 있어요.

② _____. 고양이는 탁자 아래에 있어요.

174

🎧 track 13-02

① **Con chó**   **dưới**   **bàn ăn**

② **Bưu điện**   **cạnh**   **nhà thờ**

③ **Bến xe buýt**   **trước**   **ngân hàng**

④ **Nhà hàng 123**   **sau**   **khách sạn VN**

⑤ **Cái điện thoại của em**   **trên**   **giường**

• bàn ăn 식탁
• nhà thờ 교회
• bến 정류장
• xe buýt 버스
• giường 침대

🔵 **쓰기 노트**

siêu thị	siêu thị
bàn ăn	bàn ăn
nhà thờ	nhà thờ
bến	bến

🎧 track 13-03

Anh đi làm bằng gì?
형/오빠 가다 일하다 ～으로 무엇

오빠는 무엇으로 일하러 가요?

주어 **+** (이동) 동사 **+** bằng **+** gì?

주어는 무엇으로 (이동)해요?

어떤 교통수단을 이용해서 오고 가는지를 묻고 답할 때는 수단이나 방법을 나타내는 bằng(～으로)을 사용합니다. 만약, 형이나 오빠에게 무슨 교통수단으로 출근하는지 묻고 싶으면, '일하러 가다'라는 뜻의 đi làm을 사용해서 Anh đi làm bằng gì?(형은/오빠는 무엇으로 일하러 가요?)로 말하면 돼요. 오토바이로 출근한다고 대답하려면 교통수단 자리에 xe máy(오토바이)를 넣어 Anh đi làm bằng xe máy(형은/오빠는 오토바이로 일하러 가)로 표현하면 된답니다.

◗ **표현 익히기**

① **Chị đến đây bằng gì?** 누나/언니는 무엇으로 여기에 와요?

② **Cháu đi học bằng xe buýt.** 저는 버스로 공부하러 가요(학교에 가요).

◗ **표현 확인하기**

① **Anh đi làm _____?** 형은/오빠는 무엇으로 출근해요?

② **Cháu _____ bằng xe buýt.** 저는 버스로 공부하러 가요.

닮은 듯 다른 한국어 – 베트남어 〈4〉

'동사 + 동사' 표현

'일하러 가다'처럼 두 개의 동사가 이어질 때, 한국어의 '～러'와 같은 단어 없이 베트남어는 두 동사를 연이어 쓰면 돼요. 단, 베트남어는 뒤에서 수식하기 때문에 '～러'에 해당하는 동사를 뒤에 써서 đi làm(일하러 가다)의 순서가 돼요.

스스로 문형을 연습한 후 음성 파일을 통해 확인하세요.

🎧 track 13-04

Anh đi làm bằng gì?

Anh đi làm bằng xe máy.

① Chị	đến công ti	ô tô
② Cháu	đến trường	xe đạp
③ Cô	đến khách sạn	xích lô
④ Em	về nhà	xe ôm
⑤ Anh Hùng	đi đảo Phú Quốc	máy bay

• ô tô 자동차
• xích lô 씩로(베트남식 인력거)
• về 돌아가다, 돌아오다
• xe ôm 쌔옴(오토바이 택시)
• đảo 섬
• máy bay 비행기

◗ 쓰기 노트

bằng   bằng

trường   trường

khách sạn   khách sạn

về   về

du lịch   du lịch

đảo   đảo

Đi bằng xe máy mất bao lâu?

가다　　～로　　오토바이　　걸리다　　얼마나 오래

오토바이로 가면 얼마나 걸려요?

Đi ＋ bằng 교통수단 ＋ mất bao lâu?

~(으)로 가면 얼마나 걸려요?

구체적으로 어떤 교통수단으로 얼마나 걸리는지를 물을 때는 앞에서 배운 'đi + bằng + 교통수단'(~로 가다)과 mất(시간이 걸리다)을 활용하여 'Đi bằng 교통수단 mất bao lâu?'(~로 가면 얼마나 걸려요?)로 물어보면 되는데요. 만약 오토바이로 가면 얼마나 걸리는지 묻고 싶으면 xe máy를 넣어 Đi bằng xe máy mất bao lâu?(오토바이로 가면 얼마나 걸려요?)로 표현하면 된답니다. 대답할 때는 bao lâu 자리에 소요시간을 나타내는 표현을 넣어 'Mất 10 phút'(십 분 걸려요)과 같이 'mất + 소요시간'으로 말하거나 '10 phút'과 같이 소요시간만을 말해도 돼요.

교통수단 정리

xe đạp 자전거	xe máy 오토바이	xe buýt 버스
ô tô 자동차	tàu hoả 기차	máy bay 비행기

⬤ **표현 익히기**

① **Đi bằng ô tô mất bao lâu?** 자동차로 가면 얼마나 걸려요?　　　• khoảng 대략, 정도

② **Đi bằng máy bay mất 5 tiếng.** 비행기로 가면 5시간 걸려요.

③ **Mất khoảng 4 tiếng.** 약 4시간 걸려요.

⬤ **표현 확인하기**

① _____. 약 4시간 걸려요.

② _____ **mất bao lâu?** 자동차로 가면 _____?

178

🎧 track 13-06

Đi bằng xe máy mất bao lâu?

Khoảng 30 phút.

① xe đạp   10 phút
② ô tô   3 tiếng
③ xe buýt   20 phút
④ xích lô   30 phút
⑤ tàu hoả   2 tiếng rưỡi
⑥ máy bay   4 tiếng

쓰기 노트

xe đạp	xe đạp
ô tô	ô tô
xe buýt	xe buýt
xích lô	xích lô
tàu hoả	tàu hoả
máy bay	máy bay

대화문으로 익히기

🎧 track 13-07

세미는 집이 회사 근처에 있어서 도보로 출퇴근합니다. 세미의 직장 동료 뚜언의 상황은 어떤지 대화를 통해 알아볼까요?

 Anh ơi, từ nhà anh đến công ti có xa không?

 Hơi xa. Em có biết khách sạn HN không?

 Vâng. Khách sạn HN ở trung tâm thành phố, phải không?

 Phải. Nhà anh ở sau khách sạn đó.

 Thế à! Vậy anh thường đi làm bằng gì?

 Anh đi làm bằng xe máy.

 Đi bằng xe máy mất bao lâu?

• xa 멀다
• trung tâm 중심
• thành phố 도시

 Khoảng 30 phút.

세미	오빠, 오빠 집에서 회사까지 멀어요?
뚜언	약간 멀어. 너 HN 호텔을 아니?
세미	네. HN 호텔은 도심에 있지요?
뚜언	맞아. 우리 집은 그 호텔 뒤에 있어.
세미	그렇군요! 그럼 오빠는 보통 무엇으로 일하러 가요?
뚜언	나는 오토바이로 일하러 가.
세미	오토바이로 가면 얼마나 걸려요?
뚜언	30분 정도.

TIP

từ A đến B는 'A에서(부터) B까지'라는 의미로, 시간과 공간에 다 쓰이는 표현이에요.

📝 Tôi làm việc từ 8 giờ đến 5 giờ.
나는 8시부터 5시까지 일해요.

Từ nhà đến trường đi bằng xe đạp mất 10 phút.
집에서 학교까지 자전거로 가면 10분 걸려요.

180

연습문제 1

🎧 track 13-08

듣기 잘 듣고 빈칸을 채워 보세요.

1. Nhà tôi _____ khách sạn HN.

2. Anh đi làm _____?

3. Đi bằng xe máy _____?

읽기 다음 문장을 듣고 발음과 성조에 주의하여 읽어 보세요.

1. Con mèo ở dưới bàn.

2. Cháu đi học bằng xe buýt.

3. Mất khoảng 4 tiếng.

쓰기 **1.** 다음 낱말을 어순에 맞게 배열하여 문장을 완성해 보세요.

① ở / điện thoại / cái / đâu / của / Se-mi

_____?

② đi / bằng / máy bay / đảo Phú Quốc

Anh Hùng _____.

③ mèo / con / dưới / ở / bàn

_____.

2. 다음 문장을 베트남어로 써 보세요.

① 저는 버스로 공부하러 가요.

_____

② ABC 식당은 VN호텔 옆에 있습니다.

_____

③ 기차로 가면 5시간 걸립니다.

_____

그림을 보고 상황에 맞게 대화해 보세요.

A   형은 무엇으로 일하러 가세요?

B   나는 오토바이로(를 타고) 일하러 가.

A   언니의 집에서 회사까지 얼마나 걸려요?

B   오토바이로 가면 30분 걸려.

베트남 사람들의 발, 오토바이

여행객들이 베트남에 도착했을 때 가장 처음으로 놀라는 것이 끊임없는 오토바이의 행렬이에요. 2021년에 오토바이 수가 6천 6백만 대를 기록하였으니 인구 3명 중 2명이 오토바이를 가지고 있다고 볼 수 있어요.

다른 나라에 비해 좁은 골목길이 많고, 대중교통도 아직 발달하지 않아 오토바이를 대체할 다른 교통수단은 당분간 나오기 힘들다고 해요.

약속 시간은 다가오는데 도로가 꽉 막혀있다면 쌔옴(xe ôm)을 이용하세요. 쌔옴은 오토바이 택시인데요. xe는 '차', ôm은 '안다'라는 뜻이에요. 손님이 앞에 앉은 기사를 '안는(ôm)' 데서 유래했다고 해요. 쌔옴 기사들은 막힌 도로를 벗어나 좁은 골목길을 통과해 여러분을 목적지에 좀 더 빨리 도착할 수 있게 해 줄 거예요. 요즘은 Grab과 같은 앱을 이용하여 승객이 있는 바로 그 곳에서 편리하게 쌔옴을 잡을 수 있고 결제도 간편하게 할 수 있어요.

오토바이를 타는 모습도 다양한데요. 더위와 먼지로부터 몸을 보호하기 위해 사진에서처럼 눈을 빼고 모든 부위를 가리기도 하고, 오토바이로 도저히 운반할 수 없을 것 같은 물건들도 옮기지요. 그야말로 베트남 사람의 생활과 오토바이는 떼려야 뗄 수 없는 아주 밀접한 관계라고 할 수 있겠지요?

14

8~13과

복습

Ôn tập

1

A   Bao giờ anh đi du lịch Việt Nam?

B   _____, tôi sẽ đi Việt Nam.

① Hai ngày

② Hôm qua

③ Ngày mai

2

A   Vì sao em thích mùa thu?

B   _____ trời mát nên em thích mùa thu.

① Vì

② Còn

③ Nhưng

3

A   Chị dùng gì?

B   Cho tôi một _____ phở.

① bát

② lon

③ chai

4

    A   Chị đi làm _____ gì?

    B   Chị đi làm _____ ô tô.

① ở

② lúc

③ bằng

5

    A   Anh xem phim với em, _____ không?

    B   Không _____, vì anh có nhiều việc.

① ở

② bằng

③ được

6

    A   Đi bằng xe máy _____ bao lâu?

    B   Đi bằng xe máy _____ khoảng 30 phút.

① ở

② lúc

③ mất

7

Bây giờ là sáu giờ mười phút.

① Bây giờ là mấy giờ?

② Hôm nay là thứ mấy?

③ Bây giờ chị đang làm gì?

8

Ngân hàng ở cạnh siêu thị ABC.

① Ngân hàng ở đâu?

② Anh làm việc ở đâu?

③ Anh đi siêu thị bằng gì?

9

Cái này mười nghìn đồng.

① Chị mua mấy cái?

② Cái này có đẹp không?

③ Cái này bao nhiêu tiền?

10

Từ nhà anh đến công ti mất bao lâu?

① Tôi đi làm từ thứ Hai đến thứ Sáu.

② Đi bằng xe máy mất khoảng 30 phút.

③ Hôm nay, tôi đến công ti bằng xe máy.

11

Hôm nay, thời tiết thế nào?

① Hôm nay, trời nắng.

② Hôm nay là Chủ nhật.

③ Hôm nay là ngày mười lăm.

12

Anh đi làm bằng gì?

① Tôi có xe máy.

② Mất khoảng 1 tiếng.

③ Tôi đi làm bằng xe máy.

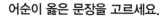 어순이 옳은 문장을 고르세요.

13 ① Cho tôi phở bát một.

② Cho tôi một bát phở.

③ Tôi cho phở bát một.

14 ① Cho tôi xem thực đơn.

② Cho xem tôi thực đơn.

③ Cho xem thực đơn tôi.

15 ① Bây giờ là ba giờ rưỡi.

② Bây giờ là giờ ba rưỡi.

③ Rưỡi ba giờ là bây giờ.

16 ① Xe máy của tôi hơn tốt xe máy của chị.

② Xe máy của tôi hơn xe máy của chị tốt.

③ Xe máy của tôi tốt hơn xe máy của chị.

17 ① Hôm qua, em sẽ học tiếng Việt.

　② Ngày mai, em đã học tiếng Việt.

　③ Bây giờ, em đang học tiếng Việt.

18 ① Hôm nay là thứ Hai.

　② Hôm nay là thứ Bốn.

　③ Hôm nay là thứ Chủ nhật.

19 ① Cho tôi một đĩa cà phê.

　② Cho em một bát cháo gà.

　③ Cho chúng tôi hai cốc nem rán.

20 ① Thầy ấy thế nào?

　② Hôm nay, trời bao nhiêu?

　③ Từ nhà anh đến đây mất bao giờ?

다음 대화를 듣고 알맞은 답을 고르세요.

 track 14-01

1 1) 지금은 몇 시입니까?

　　① 11시 10분　　　　② 11시 30분

　　2) 두 사람은 몇 시에 밥을 먹으러 가기로 했습니까?

　　① 11시 40분　　　　② 12시

2 1) 언니의 생일은 무슨 요일입니까?

　　① 이번 주 목요일　　② 다음 주 수요일

　　2) 동생은 무슨 요일에 여행을 갑니까?

　　① 이번 주 토요일　　② 다음 주 금요일

3 1) 손님이 주문한 음식은 무엇입니까?

　　① 볶음밥　　　　　② 소고기 퍼

　　2) 손님이 주문한 음료는 무엇입니까?

　　① 짜다　　　　　　② 망고 씽또

192

다음 질문에 알맞게 대답해 보세요.

 track 14-02

1 Anh/Chị đi làm bằng gì?

2 Anh/Chị thích núi hay biển?

3 Hôm nay là ngày bao nhiêu?

4 Vì sao anh/chị học tiếng Việt?

쓰기 다음 문장을 베트남어로 쓰세요.

1 이 핸드백 얼마예요?

_____

2 나에게 당신의 전화번호를 알려주세요.

_____

3 날씨가 시원해서 나는 가을을 좋아해요.

_____

4 당신의 집에서 회사까지 얼마나 걸리나요?

_____

부록

정답 및 번역

1과 인사

표현 1 _ 표현 확인하기
① chị
② Chào em

문형 연습 1
① Chào chị. 안녕하세요, 누나/언니.
② Chào em. 안녕, 동생.
③ Chào ông. 안녕하세요, 할아버지.
④ Chào bà. 안녕하세요, 할머니.
⑤ Chào bác. 안녕하세요, 큰아버지/큰어머니.
⑥ Chào cháu. 안녕, 손주/조카.

표현 2 _ 표현 확인하기
① Tạm biệt
② Tạm biệt anh

문형 연습 2
① Tạm biệt anh. 잘 가요/잘 있어요, 형/오빠.
② Tạm biệt chị. 잘 가요/잘 있어요, 누나/언니.
③ Tạm biệt chú.
안녕히 가세요/안녕히 계세요. 작은아버지.
④ Chào cô. 안녕히 가세요/안녕히 계세요, 고모.
⑤ Chào cháu. 안녕, 손주/조카.
⑥ Chào bạn. 안녕, 친구.

표현 3 _ 표현 확인하기
① Cảm ơn, Không có gì
② Xin lỗi, Không sao

문형 연습 3
① Cảm ơn anh. 감사합니다, 형/오빠.
② Xin lỗi chị. 미안해요, 누나/언니.
③ Cảm ơn em. 고마워, 동생.
④ Xin lỗi ông. 죄송합니다, 할아버지.

⑤ Cảm ơn cháu. 고마워, 손주/조카.
⑥ Xin lỗi bà. 죄송합니다, 할머니.

연습문제 1

 듣기
1 anh
2 Tạm biệt
3 chị

 쓰기
1 ① Chào anh
   ② Tạm biệt cháu
   ③ Cảm ơn bà ạ
2 ① Chào cô.
   ② Tạm biệt bạn.
   ③ Xin lỗi cháu.

연습문제 2

 말하기
① Chào chị
② Tạm biệt chị

2과 안부

표현 1 _ 표현 확인하기
① đi
② thích

문형 연습 1
① Tôi bận. 나는 바빠요.
② Tôi hạnh phúc. 나는 행복해요.

③ Tôi đi. 나는 가요.

④ Tôi ăn cơm. 나는 밥을 먹어요.

⑤ Tôi xem phim. 나는 영화를 봐요.

⑥ Tôi thích cà phê. 나는 커피를 좋아해요.

표현 2 _ 표현 확인하기

① có, không

② không

③ (có) thích trà không

문형 연습 2

① Anh (có) bận không?
형은/오빠는 바빠요?

② Phở (có) ngon không?
퍼는 맛있어요?

③ Tuấn (có) đi không?
뚜언은 가요?

④ Em (có) hiểu không?
너는 이해하니?

⑤ Cháu (có) xem phim không?
너는 영화를 보니?

⑥ Chị (có) thích trà không?
누나/언니는 차를 좋아해요?

표현 3 _ 표현 확인하기

① không

② Không, không

문형 연습 3

① Tôi không bận. 나는 바쁘지 않아요.

② Tôi không mệt. 나는 피곤하지 않아요.

③ Tôi không hiểu. 나는 이해 안 돼요.

④ Tôi không biết. 나는 몰라요.

⑤ Tôi không ăn cơm. 나는 밥을 먹지 않아요.

⑥ Tôi không uống cà phê.
나는 커피를 마시지 않아요.

연습문제 1

 듣기

1 bận

2 có, không

3 không

 쓰기

1 ① Cháu xem phim

② Phở có ngon không

③ Tôi không uống cà phê

2 ① Tôi hạnh phúc.

② Em (có) thích trà không?

③ Tôi không biết.

연습문제 2

 말하기

① Anh (có) khoẻ không

② chị không thích cà phê

3과 소개

표현 1 _ 표현 확인하기

① đi

② là

③ sinh viên

④ là ca sĩ

문형 연습 1

① Tôi là Hường. 나는 흐엉이에요.

② Tôi là Min-ho. 나는 민호예요.

③ Tôi là Dũng. 나는 중이에요.

정답 및 번역

④ Tôi là giáo sư. 나는 교수예요.

⑤ Tôi là bác sĩ. 나는 의사예요.

⑥ Tôi là y tá. 나는 간호사예요.

표현 2 _ 표현 확인하기

① phải không

② là sinh viên

문형 연습 2

① Chị là Vân, phải không?
누나/언니는 번이 맞아요?

② Em là Mi-yeon, phải không?
너는 미연이가 맞아?

③ Bạn là Bình, phải không?
너는 빙이 맞아?

④ Vân là giáo viên, phải không?
번은 교사가 맞아?

⑤ Cháu là học sinh, phải không?
너는 학생이 맞아?

⑥ Bình là công an, phải không?
빙은 경찰이 맞아?

표현 3 _ 표현 확인하기

① không phải

② không phải là

문형 연습 3

① Tôi không phải là Thành.
나는 타잉이 아니에요.

② Tôi không phải là Jin-woo.
나는 진우가 아니에요.

③ Tôi không phải là Phượng.
나는 프엉이 아니에요.

④ Tôi không phải là giám đốc.
나는 사장이 아니에요.

⑤ Tôi không phải là diễn viên.
나는 배우가 아니에요.

⑥ Tôi không phải là luật sư.
나는 변호사가 아니에요.

연습문제 1

 듣기

1 là

2 là, phải không

3 không phải là

 쓰기

1 ① Tôi là y tá

② Cháu là học sinh, phải không?

③ Chị không phải là diễn viên

2 ① Tôi là bác sĩ.

② Vân là giáo viên, phải không?

③ Chị không phải là Phượng.

연습문제 2

 말하기

① phải không

② Cháu là Linh

③ Anh là giáo sư

④ Anh không phải là giáo sư

4과 이름, 국적

표현 1 _ 표현 확인하기

① là gì

② Tên của bạn

문형 연습 1

① Tên của ông là gì?
할아버지의 성함은 뭐예요?

② Tên của bà là gì?
할머니의 성함은 뭐예요?

③ Tên của cô là gì?
선생님(여자)의 성함은 뭐예요?

④ Tên của thầy là gì?
선생님(남자)의 성함은 뭐예요?

⑤ Tên của cháu là gì?
너(손주, 조카)의 이름은 뭐니?

⑥ Tên của giám đốc là gì?
사장님의 이름은 뭐예요?

표현 2 _ 표현 확인하기

① Tên của tôi là

② gì

③ cà phê sữa

문형 연습 2

① Tên của ông là Thành.
할아버지의 이름은 타잉이야.

② Tên của bà là Giang.
할머니의 이름은 장이야.

③ Tên của cô là Mai.
선생님(여자)의 이름은 마이야.

④ Tên của thầy là Sơn.
선생님(남자)의 이름은 썬이야.

⑤ Tên của cháu là Huệ.
제(손주, 조카) 이름은 훼예요.

⑥ Tên của giám đốc là Cường.
사장님의 이름은 끄엉이에요.

표현 3 _ 표현 확인하기

① nước nào

② người

③ là người Việt Nam

문형 연습 3

① A: Em là người nước nào?
너는 어느 나라 사람이야?

B: Em là người Trung Quốc.
저는 중국 사람이에요.

② A: Cháu là người nước nào?
너는 어느 나라 사람이야?

B: Cháu là người Thái Lan.
저는 태국 사람이에요.

③ A: Peter là người nước nào?
피터는 어느 나라 사람이에요?

B: Peter là người Anh.
피터는 영국 사람이에요.

④ A: Yuko là người nước nào?
유코는 어느 나라 사람이에요?

B: Yuko là người Nhật Bản.
유코는 일본 사람이에요.

연습문제 1

1 gì

2 của

3 nào

4 người Việt Nam

1 ① Tên của giám đốc là gì

② Yuko là người nước nào

③ Tôi biết tiếng Việt

2 ① Tên của thầy là Sơn.

② Anh là người Thái Lan.

③ Tôi biết tiếng Hàn.

연습문제 2

① Tên của em là gì / Tên em là gì /
Em tên là gì

② Anh là người nước nào

③ là người Hàn

부록 – 정답 및 번역 • 199

5과 직업, 직장

표현 1 _ 표현 확인하기

① gì

② phim gì

③ nghề gì, là ca sĩ

문형 연습 1

① A: Em làm nghề gì?
너는 무슨 일을 해?

　B: Em là diễn viên.
저는 배우예요.

② A: Chị làm nghề gì?
누나/언니는 무슨 일을 해요?

　B: Chị là giáo sư.
누나/언니는 교수야.

③ A: Cháu làm nghề gì?
너는 무슨 일을 해?

　B: Cháu là kĩ sư.
저는 엔지니어예요.

④ A: Sơn làm nghề gì?
썬은 무슨 일을 해요?

　B: Sơn là tài xế.
썬은 운전사예요.

⑤ A: Hà làm nghề gì?
하는 무슨 일을 해요?

　B: Hà là thư kí.
하는 비서예요.

⑥ A: Quân làm nghề gì?
꿘은 무슨 일을 해요?

　B: Quân là công an.
꿘은 공안이에요.

표현 2 _ 표현 확인하기

① đâu

② ở

③ ở đâu

④ học tiếng Việt ở đâu

문형 연습 2

① Mai sống ở đâu?
마이는 어디에서 살아?

② Cô dạy ở đâu?
선생님은 어디에서 가르치세요?

③ Em ăn cơm ở đâu?
너는 어디에서 밥을 먹어?

④ Bạn gặp bà ở đâu?
너는 어디에서 할머니를 만나?

⑤ Chị học tiếng Hàn ở đâu?
누나/언니는 어디에서 한국어를 공부해요?

⑥ Cháu học tiếng Việt ở đâu?
너는 어디에서 베트남어를 공부해?

표현 3 _ 표현 확인하기

① ở công ti

② ăn cơm ở

③ ở trường

④ xem phim ở nhà

문형 연습 3

① Tôi sống ở Đà Nẵng.
나는 다낭에 살아요.

② Tôi dạy ở trường đại học.
나는 대학교에서 가르쳐요.

③ Tôi ăn cơm ở nhà.
나는 집에서 밥을 먹어요.

④ Tôi gặp bà ở ga Hà Nội.
나는 하노이역에서 할머니를 만나요.

⑤ Tôi học tiếng Hàn ở trường.
나는 학교에서 한국어를 공부해요.

⑥ Tôi học tiếng Việt ở trung tâm ngoại ngữ.
나는 외국어 센터에서 베트남어를 공부해요.

연습문제 1

(듣기)

1 làm, gì

2 là

3 đâu

4 ở trường đại học

(쓰기)

1 ① Sơn làm nghề gì

② Em ăn cơm ở đâu

③ Tôi học tiếng Việt ở trung tâm ngoại ngữ

2 ① Hà là thư kí.

② Chị học tiếng Hàn ở trường.

③ Tôi gặp bà ở ga Hà Nội.

연습문제 2

(말하기)

① gì

② là (làm) y tá

③ làm việc ở đâu

6과 가족

표현 1 _ 표현 확인하기

① Đây là

② Đây là nhà của tôi

문형 연습 1

① Đây là ông bà của anh.
이쪽은 형/오빠의 할아버지 할머니셔.

② Đây là chị gái của mình.
이쪽은 우리 누나야.

③ Đây là em trai của tôi.
이쪽은 내 남동생이에요.

④ Đây là xe máy của cháu.
이것은 제 오토바이예요.

⑤ Đây là điện thoại của Bình.
이것은 빙의 전화예요.

⑥ Đây là công ti của chị.
여기는 누나/언니의 회사야.

표현 2 _ 표현 확인하기

① bao nhiêu

② Chị ấy

③ Bố của bạn bao nhiêu tuổi

문형 연습 2

① Chị bao nhiêu tuổi?
누나/언니는 몇 살이에요?

② Em ấy bao nhiêu tuổi?
그 애는 몇 살이에요?

③ Thầy ấy bao nhiêu tuổi?
그 선생님은 연세가 어떻게 되세요?

④ Mẹ của cháu bao nhiêu tuổi?
네 어머니는 연세가 어떻게 되시니?

⑤ Anh trai của bạn bao nhiêu tuổi?
네 형은/오빠는 몇 살이니?

⑥ Em gái của chị ấy bao nhiêu tuổi?
그 누나/언니의 여동생은 몇 살이에요?

표현 3 _ 표현 확인하기

① 19 tuổi

② 41살

문형 연습 3

① Chị hai mươi tuổi.
누나/언니는 20살이야.

② Em ấy mười lăm tuổi.
그 애는 15살이에요.

정답 및 번역

③ Thầy ấy năm mươi lăm tuổi.
   그 선생님은 55세예요.

④ Mẹ của cháu sáu mươi bốn tuổi.
   제 어머니는 64세예요.

⑤ Anh trai của mình bốn mươi bảy tuổi.
   우리 형은/오빠는 47살이야.

⑥ Em gái của chị ấy ba mươi mốt tuổi.
   그 누나/언니의 여동생은 31살이에요.

연습문제 1

1 Đây

2 bao nhiêu

3 64(sáu mươi bốn)

쓰기

1 ① Đây là xe máy của cháu
    ② Anh trai của bạn bao nhiêu tuổi
    ③ Em ấy mười lăm tuổi

2 ① Đây là công ti của chị.
    ② Em gái của anh ấy bao nhiêu tuổi?
    ③ Anh trai của tôi 41(bốn mươi mốt) tuổi.

연습문제 2

말하기

① Đây là

② Còn đây là

③ Em gái của bạn bao nhiêu tuổi

7과 복습 (1과~6과)

1 ①	**2** ①	**3** ①
4 ③	**5** ③	**6** ③
7 ②	**8** ②	**9** ③
10 ②	**11** ①	**12** ③
13 ③	**14** ③	**15** ③
16 ③	**17** ③	**18** ①
19 ③	**20** ③	

1

Tom: Chào chị. Tôi là Tom. Tên của chị là gì?

Se-mi: Chào anh. Tên tôi là Se-mi. Tôi là người Hàn. Anh là người nước nào?

Tom: Tôi là người Mỹ. Rất vui được gặp chị.

Se-mi: Tôi cũng rất vui được gặp anh.

1) ①   2) ①

2

Tom: Xin lỗi, chị là sinh viên, phải không?

Se-mi: Không. Tôi không phải là sinh viên.
Tôi là nhân viên công ti. Còn anh làm nghề gì?

Tom: Tôi là nhân viên ngân hàng. Chị làm việc ở đâu?

Se-mi: Tôi làm việc ở công ti HAVI.

1) ②   2) ②

3

Se-mi: Đây là ảnh gia đình em, phải không?

Trang: Vâng. Đây là bố mẹ em. Còn đây là anh Thành, anh trai của em.

Se-mi: Anh ấy bao nhiêu tuổi?

Trang: Anh ấy 35 tuổi.

Se-mi: Thế à? Chị gái chị cũng 35 tuổi.

1) ①   2) ②

 쓰기

1 Tôi thích cà phê.

2 Em ấy là diễn viên, phải không?

3 Anh học tiếng Anh ở trung tâm ngoại ngữ.

4 Đây là em trai của tôi.

8과 시간

표현 1 _ 표현 확인하기

① mấy giờ

② 2 giờ 30 phút

③ Bây giờ là 2 giờ rưỡi

문형 연습 1

① Bây giờ là 6 giờ. 지금은 6시예요.

② Bây giờ là 7 giờ 15 phút.
지금은 7시 15분이에요.

③ Bây giờ là 10 giờ 20 phút.
지금은 10시 20분이에요.

④ Bây giờ là 1 giờ rưỡi (30 phút).
지금은 1시 반(30분)이에요.

⑤ Bây giờ là 6 giờ 45 phút.
지금은 6시 45분이에요.

⑥ Bây giờ là 4 giờ 50 phút.
지금은 4시 50분이에요.

표현 2 _ 표현 확인하기

① Mấy giờ

② lúc mấy giờ

문형 연습 2

① Mấy giờ em về nhà?
너는 몇 시에 집에 돌아가니?

② Mấy giờ cháu học tiếng Việt?
너는 몇 시에 베트남어를 공부하니?

③ Mấy giờ bạn gặp thầy?
너는 몇 시에 선생님을 만나니?

④ Mấy giờ chị ăn tối?
누나/언니는 몇 시에 저녁을 먹어요?

⑤ Mấy giờ cuộc họp bắt đầu?
회의가 몇 시에 시작해요?

⑥ Mấy giờ tàu hoả khởi hành?
기차가 몇 시에 출발해요?

표현 3 _ 표현 확인하기

① chúng ta ăn sáng nhé

② Chúng tôi

문형 연습 3

① Bây giờ, chúng ta về nhà nhé.
우리 지금 집에 돌아가자.

② Bây giờ, chúng ta học tiếng Việt nhé.
우리 지금 베트남어를 공부하자.

③ 10 phút sau, chúng ta uống trà nhé.
우리 10분 후에 차를 마시자.

④ 1 tiếng sau, chúng ta nói chuyện nhé.
우리 1시간 후에 이야기하자.

정답 및 번역

⑤ 7 giờ, chúng ta ăn tối nhé.
우리 7시에 저녁 먹자.

⑥ 12 giờ, chúng ta gặp nhau ở tầng 1 nhé.
우리 12시에 1층에서 만나자.

연습문제 1

 듣기

1 mấy giờ

2 lúc

3 sau / chúng ta / nhé

4 Chúng tôi

 쓰기

1 ① Bây giờ là hai giờ rưỡi
② Phim bắt đầu lúc mấy giờ
③ Một tiếng sau, chúng ta nói chuyện nhé

2 ① Bây giờ là 7 giờ 15 phút.
② Mấy giờ tàu hoả khởi hành?
③ 12 giờ, chúng ta gặp nhau ở tầng 1 nhé.

연습문제 2

 말하기

① bây giờ là mấy giờ

② Mấy giờ

③ 5 giờ rưỡi, chúng ta gặp nhau nhé

9과 날짜

표현 1 _ 표현 확인하기

① ngày bao nhiêu

② Ngày mai

문형 연습 1

① A: Tháng này là tháng mấy?
이번 달은 몇 월이에요?

B: Tháng này là tháng 8.
이번 달은 8월이에요.

② A: Sinh nhật của Linh là ngày bao nhiêu?
링의 생일은 며칠이에요?

B: Sinh nhật của Linh là ngày 31 tháng 12.
링의 생일은 12월 31일이에요.

③ A: Ngày Phụ nữ Việt Nam là ngày bao nhiêu?
베트남 여성의 날은 며칠이에요?

B: Ngày Phụ nữ Việt Nam là ngày 20 tháng 10.
베트남 여성의 날은 10월 20일이에요.

표현 2 _ 표현 확인하기

① thứ mấy

② Chủ nhật

③ Ngày 20 là thứ Ba.

문형 연습 2

① A: Ngày mai là thứ mấy?
내일은 무슨 요일이에요?

B: Ngày mai là thứ 3.
내일은 화요일이에요.

② A: Ngày 13 là thứ mấy?
13일은 무슨 요일이에요?

B: Ngày 13 là thứ 4.
13일은 수요일이에요.

③ A: Sinh nhật của Linh là thứ mấy?
링의 생일은 무슨 요일이에요?

B: Sinh nhật của Linh là Chủ nhật.
링의 생일은 일요일이에요.

④ A: Ngày Phụ nữ Việt Nam là thứ mấy?
베트남 여성의 날은 무슨 요일이에요?

B: Ngày Phụ nữ Việt Nam là thứ 6 tuần này.
베트남 여성의 날은 이번 주 금요일이에요.

표현 3 _ 표현 확인하기
① Bao giờ anh đi
② về nước bao giờ

문형 연습 3
① A: Bao giờ chị ấy đi Sa Pa?
그 누나/언니는 언제 싸빠에 가요?

B: Tháng sau.
다음 주요.

② A: Bao giờ em lập gia đình?
너는 언제 결혼해?

B: Năm sau.
내년에요.

③ A: Chị ấy đi Sa Pa bao giờ?
그 누나/언니는 싸빠에 언제 갔어요?

B: Tháng trước.
지난 달이요.

④ A: Em lập gia đình bao giờ?
너는 언제 결혼했어?

B: Hai năm trước.
2년 전에요.

연습문제 1

 듣기

1 ngày 16 tháng 3
2 thứ mấy

3 Bao giờ / về Hàn Quốc
4 đang

 쓰기

1 ① Ngày mai là ngày bao nhiêu
② Phụ nữ Việt Nam là thứ 5 tuần này
③ Tôi đã học tiếng Việt

2 ① Tháng này là tháng mấy?
② Sinh nhật của Linh là Chủ nhật.
③ Tôi sẽ học tiếng Việt.

연습문제 2

말하기

① Ngày Nhà giáo Việt Nam là ngày bao nhiêu
② lập gia đình bao giờ

10과 날씨

표현 1 _ 표현 확인하기
① thời tiết thế nào
② 추워요

문형 연습 1
① Hôm nay, trời ấm.
오늘은 (날씨가) 따뜻해요.

② Hôm nay, trời mát.
오늘은 (날씨가) 시원해요.

③ Hôm nay, trời đẹp.
오늘은 날씨가 좋아요.

④ Hôm nay, trời nắng.
오늘은 (날씨가) 맑아요.

⑤ Hôm nay, trời mưa.
오늘은 (날씨가) 비가 와요.

표현 2 _ 표현 확인하기

① hơn

② Hôm nay lạnh hơn

③ Tuấn trẻ hơn tôi

문형 연습 2

① Hùng cao hơn Tuấn.
훙은 뚜언보다 (키가) 커요.

② Em gái tôi thấp hơn tôi.
내 여동생은 나보다 (키가) 작아요

③ Hiền thông minh hơn Lâm.
히엔은 럼보다 똑똑해요.

④ Xe máy của chị tốt hơn xe máy của tôi.
누나/언니의 오토바이는 내 오토바이보다 좋아요.

표현 3 _ 표현 확인하기

① Vì sao

② trời mát / em thích mùa thu

③ Vì chị sẽ làm việc ở Việt Nam

문형 연습 3

① A: Vì sao em dậy muộn?
왜 너는 늦게 일어났니?

B: Vì em mệt nên em dậy muộn.
제가 피곤했기 때문에 늦게 일어났어요.

② A: Vì sao em đến muộn?
왜 너는 늦게 도착했어?

B: Vì dậy muộn nên em đến muộn.
늦게 일어났기 때문에 저는 늦게 도착했어요.

③ A: Vì sao em buồn?
왜 너는 슬프니?

B: Vì chị Hoa không đến nên em buồn.
화 언니/누나가 안 왔기 때문에 제가 슬퍼요.

④ A: Vì sao em không đi dạo?
왜 너 산책 안 해?

B: Vì trời mưa nên em không đi dạo.
비가 오기 때문에 저는 산책 안 해요.

연습문제 1

 듣기

1 thế nào

2 Vì món ăn Việt Nam

3 Vì sao

 쓰기

1 ① nóng hơn mùa hè Hàn Quốc
② Vì trời mát nên em thích mùa thu

2 ① Em gái của em thấp hơn em.
② Vì em sẽ làm việc ở Việt Nam nên em học tiếng Việt.
③ Hôm nay, trời mưa.

연습문제 2

 말하기

① Vì sao anh học tiếng Việt

② Hôm nay, trời nắng.

11과 쇼핑

표현 1 _ 표현 확인하기

① bao nhiêu tiền

② Cái đó

문형 연습 1

① A: Cái nón lá này bao nhiêu tiền?
이 논라 얼마예요?

B: Sáu mươi nghìn đồng.
6만 동이요.

② A: Cái áo dài này bao nhiêu tiền?
이 아오자이 얼마예요?

B: Một triệu đồng. 백만 동이요.

③ A: Cái kia bao nhiêu tiền?
저거 얼마예요?

B: Bốn mươi nghìn đồng.
4만 동이요.

④ A: Cái đồng hồ kia bao nhiêu
tiền? 저 시계 얼마예요?

B: Bảy trăm nghìn đồng.
70만 동이요.

⑤ A: Cái đó bao nhiêu tiền?
그거 얼마예요?

B: Hai mươi lăm nghìn đồng.
2만 5천 동이요.

표현 2 _ 표현 확인하기

① bớt một chút, được không

② 이 빵을 먹어도 될까요?

문형 연습 2

① Lát nữa, em đón anh được không?
너 조금 후에 형을/오빠를 데리러 올 수 있니?

② Bây giờ, tôi về nhà được không?
지금 내가 집에 가도 될까요?

③ Bác uống trà này, được không?
내가 이 차를 마셔도 될까?

④ Bây giờ, em giúp anh một chút,
được không?
지금 네가 형을/오빠를 좀 도와줄 수 있을까?

⑤ Cuối tuần này, chị đến thăm em,
được không?
이번 주말에 내가 너를 방문해도(너를 만나러 가도)
될까?

표현 3 _ 표현 확인하기

① lấy mấy cái ghế

② Cho tôi

문형 연습 3

① Cho tôi cái này.
나에게 이것을 주세요.

② Cho chị 1 con cá.
나에게 생선 한 마리를 줘.

③ Cho anh cái kia.
나에게 저것을 줘.

④ Cho cháu 20 con tôm.
저에게 새우 20마리를 주세요.

⑤ Cho tôi 3 cái áo sơ mi.
나에게 셔츠 3개를 주세요.

연습문제 1

들기

1 bao nhiêu tiền

2 được không

3 Cho

쓰기

1 ① Chị mua mấy cái

② Cái túi xách này bao nhiêu tiền

③ Cho tôi 10 con tôm

2 ① Anh/Chị lấy mấy cái?

② Cái kia bốn mươi nghìn đồng.

③ Bây giờ, anh giúp em một chút,
được không?

연습문제 2

말하기

① cái này bao nhiêu tiền

② Chị bớt một chút, được không

12과 음식

표현 1 _ 표현 확인하기

① Cho tôi xem
② 저로 하여금 누나/언니의 이름을 알게 해주세요(누나/언니의 이름을 알려주세요).
③ mượn xe đạp của anh

문형 연습 1

① Cho anh mượn áo mưa.
형/오빠에게 비옷을 빌려줘.

② Cho cháu hỏi một chút.
제가 잠시 여쭤볼게요.

③ Cho tôi gặp anh Tuấn.
내가 뚜언 씨를 만나게 해주세요.

④ Cho chị mượn cái bút của em.
누나/언니에게 너의 펜을 빌려줘.

⑤ Cho tôi xem cái đồng hồ này.
나에게 이 시계를 보여주세요.

⑥ Cho em biết số điện thoại của anh.
저에게 형/오빠의 전화번호를 알려주세요.

표현 2 _ 표현 확인하기

① Cho chúng tôi hai cốc cà phê sữa đá
② một bát phở

문형 연습 2

① Cho tôi hai đĩa nem rán.
나에게 냄쟌 두 접시 주세요

② Cho tôi ba cốc trà đá.
나에게 짜다 세 잔 주세요.

③ Cho tôi bốn chai nước.
나에게 물 네 병 주세요.

④ Cho tôi năm bát cháo gà.
나에게 닭죽 다섯 그릇 주세요.

⑤ Cho tôi sáu cốc sinh tố xoài.
나에게 망고 씽또 여섯 잔 주세요.

⑥ Cho tôi bảy lon bia.
나에게 맥주 일곱 캔 주세요.

표현 3 _ 표현 확인하기

① hay
② thích núi hay biển
③ 누나/언니는 망고 씽또를 마실래요 아니면 아보카도 씽또를 마실래요

문형 연습 3

① Em thích mùa hè hay mùa đông?
너는 여름이 좋아 아니면 겨울이 좋아?

② Em thích trà hay cà phê?
너는 차가 좋아 아니면 커피가 좋아?

③ Em thích màu đen hay màu trắng?
너는 검정색이 좋아 아니면 흰색이 좋아?

④ Em thích phim hài hay phim hành động?
너는 코미디영화가 좋아 아니면 액션영화가 좋아?

⑤ Em thích Hà Nội hay Thành phố Hồ Chí Minh?
너는 하노이가 좋아 아니면 호찌밍시가 좋아?

⑥ Em thích thịt bò hay thịt lợn?
너는 소고기가 좋아 아니면 돼지고기가 좋아?

연습문제 1

1 hỏi một chút
2 hai bát phở
3 hay

1 ① mượn xe đạp của anh
② Cho em một đĩa tôm nướng
③ Anh thích núi hay biển 혹은 Anh thích biển hay núi

2 ① Cho tôi hai lon bia.

② Cho em biết tên của chị.

③ Bạn thích phim hài hay phim hành động?

연습문제 2

① cho tôi xem thực đơn

② Cho tôi một bát phở

13과 이동

표현 1 _ 표현 확인하기

① ở cạnh siêu thị ABC

② Con mèo ở dưới bàn

문형 연습 1

① A: Con chó ở đâu?
개는 어디 있어?

B: Con chó ở dưới bàn ăn.
개는 식탁 아래에 있어.

② A: Bưu điện ở đâu?
우체국이 어디 있어?

B: Bưu điện ở cạnh nhà thờ.
우체국은 교회 옆에 있어.

③ A: Bến xe buýt ở đâu?
버스정류장이 어디 있어?

B: Bến xe buýt ở trước ngân hàng.
버스정류장은 은행 앞에 있어.

④ A: Nhà hàng 123 ở đâu?
123식당이 어디 있어?

B: Nhà hàng 123 ở sau khách sạn VN.
123식당은 VN호텔 뒤에 있어.

⑤ A: Cái điện thoại của em ở đâu?
네 전화기는 어디 있어?

B: Cái điện thoại của em ở trên giường.
제 전화기는 침대 위에 있어요.

표현 2 _ 표현 확인하기

① bằng gì

② đi học

문형 연습 2

① A: Chị đến công ti bằng gì?
누나는 회사에 무엇으로 가요?

B: Chị đến công ti bằng ô tô.
누나는 회사에 자동차로 가.

② A: Cháu đến trường bằng gì?
너는 학교에 무엇으로 가니?

B: Cháu đến trường bằng xe đạp.
저는 학교에 자전거로 가요.

③ A: Cô đến khách sạn bằng gì?
선생님은 호텔에 무엇으로 가세요?

B: Cô đến khách sạn bằng xích lô.
선생님은 호텔에 씩로로 가.

④ A: Em về nhà bằng gì?
너는 무엇으로 집에 가니?

B: Em về nhà bằng xe ôm.
저는 쌔옴으로 집에 가요.

⑤ A: Anh Hùng đi đảo Phú Quốc bằng gì?
흥 오빠는 푸꿕섬에 무엇으로 가?

B: Anh Hùng đi đảo Phú Quốc bằng máy bay.
흥 오빠는 푸꿕섬에 비행기로 가.

표현 3 _ 표현 확인하기

① Mất khoảng 4 tiếng

② Đi bằng ô tô, mất bao nhiêu lâu

정답 및 번역

문형 연습 3

① A: Đi bằng xe đạp mất bao lâu?
   자전거로 가면 얼마나 걸려?

   B: Khoảng 10 phút.
   대략 10분.

② A: Đi bằng ô tô mất bao lâu?
   자동차로 가면 얼마나 걸려?

   B: Khoảng 3 tiếng.
   대략 3시간.

③ A: Đi bằng xe buýt mất bao lâu?
   버스로 가면 얼마나 걸려?

   B: Khoảng 20 phút.
   대략 20분.

④ A: Đi bằng xích lô mất bao lâu?
   씩로로 가면 얼마나 걸려?

   B: Khoảng 30 phút.
   대략 30분 걸려.

⑤ A: Đi bằng tàu hoả mất bao lâu?
   기차로 가면 얼마나 걸려?

   B: Khoảng 2 tiếng rưỡi.
   대략 2시간 반.

⑥ A: Đi bằng máy bay mất bao lâu?
   비행기로 가면 얼마나 걸려?

   B: Khoảng 4 tiếng.
   대략 4시간.

연습문제 1

1 ở sau

2 bằng gì

3 mất bao lâu

쓰기

1 ① Cái điện thoại của Se-mi ở đâu

   ② đi đảo Phú Quốc bằng máy bay

   ③ Con mèo ở dưới bàn

2 ① Em đi học bằng xe buýt.

② Nhà hàng ABC ở cạnh khách sạn VN.

③ Đi bằng tàu hoả mất 5 tiếng.

연습문제 2

말하기

① Anh đi làm bằng gì

② Đi bằng xe máy mất 30 phút

14과 복습 (8과~13과)

1 ③	2 ①	3 ①
4 ③	5 ③	6 ③
7 ①	8 ①	9 ③
10 ②	11 ①	12 ③
13 ②	14 ①	15 ①
16 ③	17 ③	18 ①
19 ②	20 ①	

1

Tuấn: Bây giờ là mấy giờ?

Se-mi: Bây giờ là 11 giờ 10 phút.

Tuấn: Thế 12 giờ, chúng ta đi ăn cơm nhé.

Se-mi: Vâng.

1) ①   2) ②

2

Minh: Sinh nhật của chị là thứ mấy?

Se-mi: Sinh nhật của chị là thứ Tư tuần
　　　sau.
Minh: Thế à? Em đi du lịch vào thứ
　　　Bảy tuần này. Em sẽ mua quà
　　　cho chị.
Se-mi: Cảm ơn em.

1)　②　　　　　2)　①

3

Người phục vụ: Chị dùng gì?
Trang: Cho tôi một bát phở bò và một
　　　cốc trà đá.
Người phục vụ: Dạ, chị chờ một chút ạ.

1)　②　　　　　2)　①

（쓰기）

1　Cái túi xách này bao nhiêu tiền?

2　Cho tôi biết số điện thoại của anh/
　　　chị.

3　Vì trời mát nên tôi thích mùa thu.

4　Từ nhà anh/chị đến công ti mất bao
　　　lâu?

독학 쉬운 베트남어
첫걸음

초판 인쇄	2023년 9월 25일
초판 발행	2023년 10월 5일
저자	이강우, 이정은, 황엘림
편집	권이준, 양승주, 김아영
펴낸이	엄태상
디자인	권진희
조판	이서영
콘텐츠 제작	김선웅, 장형진, 조현준
마케팅	이승욱, 왕성석, 노원준, 조성민, 이선민
경영기획	조성근, 최성훈, 구희정, 김다미, 최수진, 오희연
물류	정종진, 윤덕현, 신승진, 구윤주
펴낸곳	랭기지플러스
주소	서울시 종로구 자하문로 300 시사빌딩
주문 및 문의	1588-1582
팩스	0502-989-9592
홈페이지	http://www.sisabooks.com
이메일	book_etc@sisadream.com
등록일자	2000년 8월 17일
등록번호	제300-2014-90호

ISBN 979-11-6734-038-2 (13730)

여행 베트남어
필수 어휘 및 표현

랭기지플러스

여행 베트남어 필수 어휘 및 표현

랭기지플러스

1. 기본 어휘

1. 숫자 track 1-01

0	không 콩
1	một 몯
2	hai 하이
3	ba 바
4	bốn 본
5	năm 남
6	sáu 싸우
7	bảy 바이
8	tám 땀
9	chín 찐
10	mười 므어이
20	hai mươi 하이 므어이
21	hai mươi mốt 하이 므어이 몯
55	năm mươi lăm 남 므어이 람
백	một trăm 몯 짬
천	một nghìn 몯 응인
만	mười nghìn 므어이 응인
십만	một trăm nghìn 몯 짬 응인
백만	một triệu 몯 찌에우

천만	mười triệu 므어이 찌에우
억	một trăm triệu 몯 짬 찌에우
십억	một tỉ 몯 띠

2. 시간대, 날짜 track 1-02

아침, 오전	sáng 쌍
점심	trưa 쯔어
저녁	tối 또이
오후	chiều 찌에우
낮	ngày 응아이
밤	đêm 뎀
시	giờ 저
분	phút 푿
초	giây 저이
어제	hôm qua 홈 꾸아
오늘	hôm nay 홈 나이
내일	ngày mai 응아이 마이
휴일	ngày nghỉ 응아이 응이
종일	cả ngày 까 응아이
월요일	thứ Hai 트 하이
화요일	thứ Ba 트 바
수요일	thứ Tư 트 뜨

2 **여행 베트남어**

목요일	thứ Năm 트 남
금요일	thứ Sáu 트 싸우
토요일	thứ Bảy 트 바이
일요일	Chủ nhật 쭈 녇
주말	cuối tuần 꾸오이 뚜언
일주일	một tuần 몯 뚜언
1월	tháng Một 탕 몯
2월	tháng Hai 탕 하이
3월	tháng Ba 탕 바
4월	tháng Tư 탕 뜨
5월	tháng Năm 탕 남
6월	tháng Sáu 탕 싸우
7월	tháng Bảy 탕 바이
8월	tháng Tám 탕 땀
9월	tháng Chín 탕 찐
10월	tháng Mười 탕 므어이
11월	tháng Mười một 탕 므어이 몯
12월	tháng Mười hai 탕 므어이 하이
1년	một năm 몯 남
작년	năm ngoái/năm trước 남 응와이/남 쯔억
올해	năm nay 남 나이

내년	sang năm/năm sau 쌍 남/남 싸우

3. 호칭

나	tôi, mình (친구사이) 또이, 밍
우리	chúng tôi(청자 불포함), chúng ta(청자 포함) 쭝 또이, 쭝 따
친구	bạn 반
동생	em 앰
형/오빠	anh 아잉
누나/언니	chị 찌
딸	con gái 꼰 가이
아들	con trai 꼰 짜이
아버지	bố 보
어머니	mẹ 매
남편	chồng 쫑
아내	vợ 버
손주/조카	cháu 짜우
고모	cô 꼬
삼촌	chú 쭈
큰아버지, 큰어머니	bác 박
할아버지	ông 옹
할머니	bà 바

4. 긍정·부정 대답

track 1-04

응	ừ 으
네	vâng 벙
아니다	không 콩
있다	có 꼬
없다	không có 콩 꼬
맞다	đúng 둥
맞지 않다	không đúng 콩 둥
틀리다	sai 싸이
되다	được 드억
안 되다	không được 콩 드억

5. 지시사

track 1-05

이	này 나이
저	kia 끼어
그	đó 도
이것(사물)	cái này 까이 나이
저것(사물)	cái kia 까이 끼어
그것(사물)	cái đó 까이 도
이것, 이분, 여기	đây 더이
저것, 저분, 저기	kia 끼어
그것, 그분, 거기	đó 도

6. 의문사

track 1-06

누가	ai 아이
언제	khi nào/bao giờ 키 나오/바오 저
어디	đâu 더우
무엇	gì 지
어떻게	như thế nào 니으 테 나오
왜	sao/vì sao/tại sao 싸오/비 싸오/따이 싸오
몇/얼마	mấy(10 이하의 수), bao nhiêu(10이 넘는 수) 머이, 바오 녜우
얼마나 오래	bao lâu 바오 러우
얼마나 먼	bao xa 바오 싸

7. 기본 동사

track 1-07

먹다	ăn 안
마시다	uống 우옹
보다	xem, thấy 쌤, 터이
감상하다	ngắm 응암
가다	đi 디
오다	đến 덴
걷다	đi bộ 디 보
달리다	chạy 짜이

앉다	ngồi 응오이	닫다	đóng 동
서다	đứng 등	켜다	bật 벋
일하다	làm (việc) 람 (비엑)	끄다	tắt 딷
가르치다	dạy 자이	걱정하다	lo 로
배우다	học 혹	느끼다	cảm thấy 깜 터이
만나다	gặp 갑	감동하다	cảm động 깜 동
기다리다	chờ 쩌	질문하다	hỏi 호이
소개하다	giới thiệu 저이 티에우	대답하다	trả lời 짜 러이
알다	biết 비엗	연락하다	liên lạc 리엔 락
모르다	không biết 콩 비엗	준비하다	chuẩn bị 쭈언 비
이해하다	hiểu 히에우	좋아하다	thích 틱
듣다	nghe 응애	사랑하다	yêu 예우
말하다	nói 노이	결혼하다	kết hôn 껟 혼
이야기하다	nói chuyện 노이 쭈옌	일어나다	dậy 저이
싸우다	cãi nhau 까이 냐우	양치하다	đánh răng 다잉 장
돌보다	chăm sóc 짬 쏙	세수하다	rửa mặt 즈어 맏
생각하다	nghĩ 응이	샤워하다	tắm 땀
쉬다	nghỉ 응이	면도하다	cạo râu 까오 저우
기억하다	nhớ 녀	입다	mặc 막
잊다	quên 꾸엔	벗다	cởi 꺼이
사다	mua 무어	눕다	nằm 남
팔다	bán 반	자다	ngủ 응우
열다	mở 머	빨래하다	giặt 잗

청소하다	dọn 존	덥다	nóng 농
다림질하다	là 라	빠르다	nhanh 냐잉
		느리다	chậm 쩜

8. 기본 형용사
track 1-08

		기쁘다	vui 부이
좋다	tốt 똗	행복하다	hạnh phúc 하잉 푹
나쁘다	xấu 써우	슬프다	buồn 부온
많다	nhiều 네우	안타깝다	tiếc 띠엑
적다	ít 읻	화나다	giận 전
크다	to, lớn 또, 런	불쌍하다	đáng thương 당 트엉
작다	nhỏ 뇨	창피하다	xấu hổ 써우 호
길다	dài 자이	두렵다	sợ 써
짧다	ngắn 응안	재미있다	hay, thú vị 하이, 투 비
넓다	rộng 종	편안하다	thoải mái 톼이 마이
좁다	hẹp 햅	배고프다	đói 도이
멀다	xa 싸	배부르다	no 노
가깝다	gần 건		
싸다	rẻ 재		
비싸다	đắt 닫	## 9. 국가, 언어
		track 1-09
무겁다	nặng 낭	한국	Hàn Quốc 한 꿕
가볍다	nhẹ 내	베트남	Việt Nam 비엗 남
밝다	sáng 쌍	중국	Trung Quốc 쭝 꿕
어둡다	tối 또이	일본	Nhật Bản 녇 반
		태국	Thái Lan 타이 란
춥다	lạnh 라잉	라오스	Lào 라오

캄보디아	Campuchia 깜뿌찌아	팔	tay 따이
미국	Mỹ 미	다리	chân 쩐
영국	Anh 아잉	무릎	đầu gối 더우 고이
호주	Úc 욱	손	bàn tay 반 따이
한국어	tiếng Hàn 띠엥 한	발	bàn chân 반 쩐
베트남어	tiếng Việt 띠엥 비엗	손가락	ngón tay 응온 따이
		발가락	ngón chân 응온 쩐

10. 신체 부위

track 1-10

얼굴	mặt 맏	피부	da 자
몸	người 응어이	근육	cơ bắp 꺼 밥
머리	đầu 더우	심장	tim 띰
머리카락	tóc 똑	폐	phổi 포이
눈	mắt 맏	위	dạ dày 자 자이
코	mũi 무이
입	miệng, mồm 미엥, 몸
혀	lưỡi 르어이
치아	răng 장

11. 방향, 위치

track 1-11

귀	tai 따이	동서남북	đông tây nam bắc 동 떠이 남 박
목	cổ 꼬	동쪽	phía đông 피어 동
어깨	vai 바이	서쪽	phía tây 피어 떠이
가슴	ngực 응윽	남쪽	phía nam 피어 남
등, 허리	lưng 릉	북쪽	phía bắc 피어 박
배	bụng 붕	오른쪽	bên phải 벤 파이
		왼쪽	bên trái 벤 짜이
		위	trên 쩬

아래	dưới 즈어이
앞	trước 쯔억
뒤	sau 싸우
안	trong 쫑
밖	ngoài 응와이
옆	bên cạnh 벤 까잉
중간	giữa 즈어
좌회전하다	rẽ trái 재 짜이
우회전하다	rẽ phải 재 파이
직진하다	đi thẳng 디 탕
삼거리	ngã ba 응아 바
사거리	ngã tư 응아 뜨

12. 색깔

track 1-12

색	màu 마우
하얀색	màu trắng 마우 짱
검은색	màu đen 마우 댄
빨간색	màu đỏ 마우 도
분홍색	màu hồng 마우 홍
주황색	màu da cam 마우 자 깜
노란색	màu vàng 마우 방
초록색	màu xanh lá cây 마우 싸잉 라 꺼이

파란색	màu xanh nước biển 마우 싸잉 느억 비엔
하늘색	màu xanh da trời 마우 싸잉 자 쩌이
보라색	màu tím 마우 띰
갈색	màu nâu 마우 너우
회색	màu xám 마우 쌈

13. 식음료

track 1-13

밥	cơm 껌
빵	bánh 바잉
후식	tráng miệng 짱 미엥
간식	đồ ăn nhẹ 도 안 내
과자	bánh 바잉
쿠키	bánh quy 바잉 뀌
사탕	kẹo 깨오
국	canh 까잉
국수	mì 미
퍼(쌀국수)	phở 퍼
생선	cá 까
연어	cá hồi 까 호이
참치	cá ngừ 까 응으
해산물	hải sản 하이 싼

게	cua 꾸어	와인	rượu vang 즈어우 방
새우	tôm 똠	콜라	cola/coca-cola 꼴라/꼬까 꼴라
바닷가재	tôm hùm 똠 훔	오렌지 주스	nước cam 느억 깜
고기	thịt 틷	수박 주스	nước dưa hấu 느억 즈어 허우
소고기	thịt bò 틷 보	스무디	sinh tố 씽 또
돼지고기	thịt lợn 틷 런	망고 스무디	sinh tố xoài 씽 또 쏴이
닭고기	thịt gà 틷 가	아보카도 스무디	sinh tố bơ 씽 또 버
채소	rau 자우	커피	cà phê 까 페
토마토	cà chua 까 쭈어	핫커피	cà phê nóng 까 페 농
공심채	rau muống 자우 무옹	아이스 블랙커피	cà phê đen đá 까 페 댄 다
당근	cà rốt 까 롣	아이스 밀크커피	cà phê sữa đá 까 페 쓰어 다
과일	hoa quả, trái cây 화 꽈, 짜이 꺼이	양념	gia vị 자 비
바나나	chuối 쭈오이	식용유	dầu ăn 저우 안
두리안	sầu riêng 써우 지엥	설탕	đường 드엉
코코넛	dừa 즈어	소금	muối 무오이
물	nước 느억	느억맘(생선 액젓)	nước mắm 느억 맘
얼음물	nước đá 느억 다	간장	xì dầu 씨 저우
차	trà 짜	후추	hạt tiêu 핫 띠에우
녹차	trà xanh 짜 싸잉	아침 식사	bữa sáng 브어 쌍
자스민 차	trà nhài 짜 냐이	점심 식사	bữa trưa 브어 쯔어
우유	sữa 쓰어		
맥주	bia 비어		

저녁 식사	bữa tối 브어 또이		아프다(통증이 있다)	đau 다우
아침 먹다	ăn sáng 안 쌍		쑤시다	nhức 니윽
점심 먹다	ăn trưa 안 쯔어		두통	đau đầu 다우 더우
저녁 먹다	ăn tối 안 또이		복통	đau bụng 다우 붕
차갑다	lạnh 라잉		장염에 걸리다	bị viêm ruột 비 비엠 주옫
뜨겁다	nóng 농		치통	nhức răng 니윽 장
맛있다	ngon 응온		감기 걸리다	bị cảm 비 깜
맛없다	không ngon 콩 응온		열이 나다	bị sốt 비 쏟
맵다	cay 까이		고열	sốt cao 쏟 까오
짜다	mặn 만		미열	sốt nhẹ 쏟 내
싱겁다	nhạt 냗		기침하다	ho 호
달다	ngọt 응옫		어지럽다	chóng mặt 쫑 맏
시다	chua 쭈어		구토하다	nôn 논
쓰다	đắng 당		설사하다	đi ngoài 디 응와이
볶다	xào 싸오		알레르기	dị ứng 지 응
굽다	nướng 느엉		식중독	ngộ độc thức ăn 응오 독 특 안
삶다	luộc 루옥		엑스레이	X quang 익꽝
튀기다	rán, chiên 잔. 찌엔		깁스	bó bột 보 볻

14. 질병 관련

track 1-14

병	bệnh 베잉		약	thuốc 투옥
증상	triệu chứng 찌에우 쯩		약을 복용하다	uống thuốc 우옹 투옥
아프다	ốm 옴		소화제	thuốc tiêu hoá 투옥 띠에우 화

진통제	thuốc giảm đau 투옥 잠 다우	샤워젤	sữa tắm 쓰어 땀
항생제	thuốc kháng sinh 투옥 캉 씽	칫솔	bàn chải đánh răng 반 짜이 다잉 장
응급실	phòng cấp cứu 퐁 껍 끄우	치약	kem đánh răng 깸 다잉 장
병원에 가다	đi bệnh viện 디 베잉 비엔	세탁기	máy giặt 마이 쟏
진찰하다	khám 캄	다리미	bàn là 반 라
주사 맞다	tiêm 띠엠	청소기	máy hút bụi 마이 훋 부이
병이 낫다	khỏi bệnh 코이 베잉	선풍기	quạt điện 꽏 디엔
입원하다	nằm viện 남 비엔	에어컨	máy điều hoà 마이 디에우 화
퇴원하다	ra viện 자 비엔	TV	ti vi 띠 비

15. 일상 용품 관련

track 1-15

상의	áo 아오	의자	ghế 게
티셔츠	áo phông 아오 퐁	탁자	bàn 반
바지	quần 꿘	모자	mũ 무
반바지	quần ngắn 꿘 응안	가방	túi 뚜이
치마	váy 바이	펜	bút 붇
청바지	quần jean 꿘 진	책	sách 싸익
속옷	đồ lót 도 롣	전화	điện thoại 디엔 톼이
비누	xà phòng 싸 퐁	휴대폰	điện thoại di động 디엔 톼이 지 동
샴푸	dầu gội đầu 저우 고이 더우	전화번호	số điện thoại 쏘 디엔 톼이
		유심칩	thẻ SIM 태 씸

track 2-01

안녕하세요.	Xin chào, Chào + 호칭 씬 짜오, 짜오
안녕히 가세요/계세요.	Chào + 호칭. Tạm biệt + 호칭 짜오, 땀 비엗
또 만나요.	Hẹn gặp lại. 핸 갑 라이
감사합니다.	Xin cảm ơn, Cảm ơn + 호칭 씬 깜 언, 깜 언
천만에요/별말씀을요.	Không có gì. 콩 꼬 지
미안합니다/실례합니다.	Xin lỗi(+ 호칭) 씬 로이
괜찮아요.	Không sao. 콩 싸오
당신은 잘 지내세요?/건강하세요.	Anh/Chị có khoẻ không? 아잉/찌 꼬 쾌 콩
나는 잘 지내요/건강해요.	Tôi khoẻ. 또이 쾌
당신은 어느 나라 사람이에요.	Anh/Chị là người nước nào? 아잉/찌 라 응어이 느억 나오
나는 한국 사람이에요.	Tôi là người Hàn (Quốc). 또이 라 응어이 한 (꿕)
당신을 일본 사람이에요.	Anh/Chị là người Nhật (Bản), phải không? 아잉/찌 라 응어이 녇 (반), 파이 콩
나는 일본 사람이 아니에요.	Tôi không phải là người Nhật (Bản). 또이 콩 파이 라 응어이 녇 (반)
당신은 이름이 뭐예요.	Anh/Chị tên là gì? 아잉/찌 뗀 라 지

내 이름은 민호예요.	Tôi tên là Min-ho. 또이 뗀 라 민호
당신은 몇 살이에요.	Anh/Chị bao nhiêu tuổi? 아잉/찌 바오 녜우 뚜오이
나는 30살이에요.	Tôi ba mươi tuổi. 또이 바 므어이 뚜오이
당신을 만나서 반가워요.	Rất vui được gặp anh/chị. 젇 부이 드억 갑 아잉/찌
천천히 말씀해 주세요.	Xin nói từ từ thôi. 씬 노이 뜨 뜨 토이
한 번 더 말씀해 주세요.	Xin nói lại một lần nữa. 씬 노이 라이 몯 런 느어
화장실이 어디에 있어요.	Nhà vệ sinh ở đâu? 냐 베 씽 어 더우
지금 몇 시예요.	Bây giờ là mấy giờ? 버이 저 라 머이 저
10시예요.	Mười giờ. 므어이 저
10시 반이에요.	Mười giờ rưỡi. 므어이 저 즈어이
10시 10분 전이에요.	Mười giờ kém mười (phút). 므어이 저 깸 므어이 (푼)
필요 없어요.	Không cần. 콩 껀
잠시만 기다려 주세요.	Chờ một chút nhé. 쩌 몯 쭏 내
도와주세요.	Giúp tôi với! 줍 또이 버이
조심하세요.	Hãy cẩn thận nhé! 하이 껀 턴 내

1. 공항 : 입·출국, 환전, 기내

track 3-01

어휘

비행기	máy bay 마이 바이	승무원	tiếp viên hàng
공항	sân bay 썬 바이		không 띠엡 비엔 항 콩
면세점	cửa hàng miễn thuế 끄어 항 미엔 퉤	좌석	chỗ 쪼
		티켓	vé máy bay 배 마이 바이
입국	nhập cảnh 녑 까잉	수하물	hành lí 하잉 리
출국	xuất cảnh 쉴 까잉	헤드폰	tai nghe 따이 응애
		담요	chăn 짠
게이트	cửa, cổng 끄어, 꽁	안대	băng che mắt 방 째 맏
탑승	lên máy bay 렌 마이 바이		
		구명조끼	áo cứu hộ 아오 끄우 호
이륙	cất cánh 껃 까잉		
착륙	hạ cánh 하 까잉	비상구	cửa thoát hiểm 끄어 퇕 히엠

track 3-02

표현

[입·출국]

여권 좀 보여 주세요.	Cho tôi xem hộ chiếu. 쪼 또이 쌤 호 찌에우
입국 목적은 무엇입니까?	Mục đích nhập cảnh là gì? 묵 딕 녑 까잉 라 지
관광이에요.	Du lịch. 주 릭

어디에 묵을 거예요?	Anh/Chị sẽ ở đâu? 아잉/찌 쌔 어 더우
ABC 호텔에 있을 거예요.	Tôi sẽ ở khách sạn ABC. 또이 쌔 어 카익 싼 아베쎄
당신은 얼마나 체류할 건가요?	Anh/Chị định ở lại bao lâu? 아잉/찌 딩 어 라이 바오 러우
일주일 정도요.	Khoảng một tuần. 쾅 몯 뚜언
수하물 찾는 곳은 어디인가요?	Nơi nhận hành lí ở đâu? 너이 년 하잉 리 어 더우
저쪽입니다.	Ở đằng kia. 어 당 끼어
제 가방이 파손되었습니다.	Hành lí của tôi bị hỏng rồi. 하잉 리 꾸어 또이 비 홍 조이
제 가방을 찾을 수 없습니다.	Tôi không tìm thấy hành lí của tôi. 또이 콩 띰 터이 하잉 리 꾸어 또이
당신은 가방이 몇 개입니까?	Anh/Chị có mấy kiện hành lí? 아잉/찌 꼬 머이 끼엔 하잉 리
두 개입니다.	Hai cái. 하이 까이
보낼 수하물을 저울 위에 올려 주세요.	Anh/Chị đặt hành lí kí gửi lên cân nhé. 아잉/찌 닫 하잉 리 끼 그이 렌 껀 내
소지품을 모두 꺼내 주세요.	Xin hãy lấy hết đồ ra. 씬 하이 러이 헫 도 자
신고할 것이 있습니까?	Có hàng hoá gì cần khai báo không? 꼬 항 화 지 껀 카이 바오 콩

아무것도 없습니다.	Không có gì cả. 콩 꼬 지 까
이 가방 안에 무엇이 들어 있습니까?	Trong túi này có những thứ gì? 쫑 뚜이 나이 꼬 니응 트 지
저의 개인 물품입니다.	Có đồ dùng cá nhân của tôi. 꼬 도 중 까 년 꾸어 또이
13번 게이트는 어디에 있나요?	Cửa số mười ba ở đâu vậy? 끄어 쏘 므어이 바 어 더우 버이
9시까지 탑승 게이트로 가 주세요.	Hãy đến cổng lên máy bay trước chín giờ. 하이 덴 꽁 렌 마이 바이 쯔억 찐 저

[환전]

오늘 환율이 어떻게 되나요?	Tỉ giá hôm nay bao nhiêu? 띠 자 홈 나이 바오 녜우
여기서 한국 돈을 환전할 수 있어요?	Ở đây có đổi tiền Hàn không? 어 더이 꼬 도이 띠엔 한 콩
미화를 베트남 돈으로 바꾸고 싶어요.	Tôi muốn đổi đô la Mỹ sang tiền Việt Nam. 또이 무온 도이 도 라 미 쌍 띠엔 비엣 남
10만 동짜리로 주세요.	Cho tôi tờ mệnh giá một trăm nghìn đồng. 쪼 또이 떠 메잉 자 몯 짬 응인 동
현금 인출기가 어디에 있어요?	Máy rút tiền ATM ở đâu? 마이 줃 띠엔 아떼엠 어 더우

[기내]

제 좌석은 어디입니까?	Chỗ của tôi ở đâu? 쪼 꾸어 또이 어 더우
이쪽에 있습니다.	Ở đằng này ạ. 어 당 나이 아
비행기가 곧 이륙하겠습니다.	Máy bay chuẩn bị cất cánh. 마이 바이 쮠 비 껃 까잉
좌석벨트를 해 주세요.	Xin hãy thắt dây an toàn. 씬 하이 탇 저이 안 똰
음료는 무엇으로 하시겠습니까?	Anh/Chị dùng đồ uống gì? 아잉/찌 중 도 우옹 지
오렌지 주스 주세요.	Cho tôi nước cam. 쪼 또이 느억 깜
물 한 잔 주세요.	Cho tôi một cốc nước. 쪼 또이 몯 꼭 느억
지금 좌석벨트를 풀어도 될까요?	Bây giờ tôi có thể tháo dây an toàn được không? 버이 저 또이 꼬 테 타오 저이 안 똰 드억 콩
의자를 뒤로 젖혀도 될까요?	Tôi ngả ghế ra sau được không? 또이 응아 게 자 싸우 드억 콩
두통약 있나요?	Có thuốc đau đầu không? 꼬 투옥 다우 더우 콩
담요가 있나요?	Có chăn không? 꼬 짠 콩

🔊 회화

[회화 1 수하물 찾기]

A : 저기요, 제 짐이 안 보이는데요.

　　Anh/Chị ơi, tôi không thấy hành lí của tôi.
　　아잉/찌 어이, 또이 콩 터이 하잉 리 꾸어 또이

B : 편명을 말씀해 주시고, 수하물 표를 보여 주세요.

　　Anh/Chị cho biết tên chuyến bay và thẻ hành lí nhé.
　　아잉/찌 쪼 비엣 뗀 쭈옌 바이 바 태 하잉 리 내

A : VN1234편이고, 이것이 제 수하물 표입니다.

　　Chuyến VN một hai ba bốn và đây là thẻ hành lí của tôi.
　　쭈옌 비앤 몯 하이 바 본 바 더이 라 태 하잉 리 꾸어 또이

B : 수하물이 어떻게 생겼지요?

　　Hành lí trông như thế nào? 하잉 리 쫑 니으 테 나오

A : 큰 하얀색 트렁크예요.

　　Nó là va li to màu trắng. 노 라 바 리 또 마우 짱

B : 네, 알아봐 드릴게요. 잠시만 기다리세요.

　　Vâng, để tôi thử tìm xem. Anh/Chị chờ một chút.
　　벙, 데 또이 트 띰 쌤. 아잉/찌 쩌 몯 쭏.

[회화 2 환전하기]

A : 안녕하세요. 무엇을 도와 드릴까요?

　　Chào anh/chị. Tôi có thể giúp gì cho anh/chị?
　　짜오 아잉/찌. 또이 꼬 테 줍 지 쪼 아잉/찌

B : 나는 미화를 베트남 돈으로 바꾸고 싶어요. 오늘 환율이 얼마인가요?

　　Tôi muốn đổi đô la Mỹ sang tiền Việt Nam. Tỉ giá hôm nay bao nhiêu?
　　또이 무온 도이 도라 미 쌍 띠엔 비엣 남. 띠 자 홈 나이 바오 녜우

A : 1달러에 23,500동입니다. 얼마를 바꾸고 싶으세요?

Một đô la bằng hai mươi ba nghìn năm trăm đồng. Anh/Chị muốn đổi bao

nhiêu? 몯 도 라 방 하이 므어이 바 응인 남 짬 동. 아잉/찌 무온 도이 바오 네우

B : 500달러를 바꿔 주세요.

Anh/Chị đổi giúp tôi năm trăm đô la. 아잉/찌 도이 줍 또이 남 짬 도 라

A : 얼마짜리가 필요하세요?

Anh/Chị cần tờ mệnh giá bao nhiêu? 아잉/찌 껀 떠 메잉 자 바오 네우

B : 50만 동짜리 10장, 나머지는 10만 동짜리로 주세요.

Cho tôi mười tờ năm trăm nghìn, còn lại thì tờ một trăm nghìn.
쪼 또이 므어이 떠 남 짬 응인, 꼰 라이 티 떠 몯 짬 응인

알아두면 유용한 팁

공항에서 보통 택시를 타고 시내로 들어가기 때문에 베트남 동이 바로 필요한 경우가 대부분이에요. 따라서 공항에서 환전을 해야만 하는데요. 환율은 보통 전광판에 보이기 때문에 쉽게 알아볼 수 있어요. 공항 보다 시내의 은행이나 사설 환전소가 환율이 조금 높기 때문에 일부만 공항에서 환전을 하고 나머지는 시내에서 하는 것도 방법이에요. 환전을 하고 나면 베트남 화폐 단위가 커서 처음엔 헷갈릴 수 있어요. 액수가 맞는지 직원 앞에서 확인하시는 것을 추천해요.

2. 교통

track 3-04

어휘

시내버스	xe buýt 쌔 뷧	기차	xe lửa, tàu hoả 쌔 르어, 따우 화
시외버스	xe khách 쌔 카익	역	ga 가
관광버스	xe du lịch 쌔 주릭	표	vé 배
버스 터미널	bến xe khách 벤 쌔 카익	표 가격	giá vé 자 배
		편도	một chiều 몯 찌에우
버스 정류장	trạm xe buýt 짬 쌔 뷧	왕복	khứ hồi/hai chiều 크 호이/하이 찌에우
택시	taxi 딱씨	침대칸 표	vé giường nằm 배 즈엉 남
4인승	bốn chỗ 본 쪼		
7인승	bảy chỗ 바이(버이) 쪼	소프트 베드	giường nằm mềm 즈엉 남 멤
자전거	xe đạp 쌔 답	하드 베드	giường nằm cứng 즈엉 남 끙
씩로	xích lô 씩 로		
오토바이	xe máy 쌔 마이	좌석칸 표	vé ghế ngồi 배 게 응오이
쌔옴 (오토바이 택시)	xe ôm 쌔 옴	소프트 시트	ghế ngồi mềm 게 응오이 멤
지하철	tàu điện ngầm 따우 디엔 응엄	하드 시트	ghế ngồi cứng 게 응오이 끙

표현

공항버스 타는 곳은 어디인가요?	Chỗ lên xe buýt sân bay ở đâu? 쪼 렌 쌔 뷧 썬 바이 어 더우
택시 타는 곳은 어디에 있나요?	Chỗ bắt taxi ở đâu? 쪼 밭 딱씨 어 더우
버스 정류장은 어디입니까?	Trạm xe buýt ở đâu? 짬 쌔 뷧 어 더우
버스가 몇 시에 출발하나요?	Mấy giờ xe buýt chạy? 머이 저 쌔 뷧 짜이
매표소는 어디에 있나요?	Nơi bán vé ở đâu? 너이 반 배 어 더우
실례지만, 여기에서 대성당까지 어떻게 가나요?	Xin lỗi, từ đây đến Nhà thờ Lớn đi như thế nào? 씬 로이, 뜨 더이 덴 냐 터 런 디 니으 테 나오
이 길을 따라 직진하세요.	Anh/Chị đi thẳng theo đường này. 아잉/찌 디 탕 태오 드엉 나이
걸어갈 수 있나요?	Đi bộ được không? 디 보 드억 콩
걸어가면 얼마나 걸리나요?	Đi bộ thì mất bao lâu? 디 보 티 멑 바오 러우
이 버스가 호안끼엠 호수에 가나요?	Xe buýt này có đi hồ Hoàn Kiếm không? 쌔 뷧 나이 꼬 디 호 환 끼엠 콩
택시 한 대만 불러 주세요.	Anh/Chị gọi giúp tôi một chiếc taxi. 아잉/찌 고이 줍 또이 몯 찌엑 딱씨

ABC 호텔로 4인승 택시 한 대만 보내 주세요.	Cho tôi một chiếc taxi bốn chỗ đến khách sạn ABC. 쪼 또이 몯 찌엑 딱씨 본 쪼 덴 카익 싼 아베쎄
이 주소로 데려가 주세요.	Cho tôi đến địa chỉ này. 쪼 또이 덴 디어 찌 나이
문묘에 가 주세요.	Cho tôi đến Văn Miếu. 쪼 또이 덴 반 미에우
빨리 가 주세요.	Làm ơn đi nhanh hơn. 람 언 디 냐잉 헌
천천히 가 주세요.	Làm ơn đi chậm hơn. 람 언 디 쩜 헌
여기에서 세워 주세요.	Cho tôi xuống đây. 쪼 또이 쑤옹 더이
여기에서 거기까지 먼가요?	Từ đây đến đó có xa không? 뜨 더이 덴 도 꼬 싸 콩
별로 안 멀어요.	Không xa lắm. 콩 싸 람
아주 가까워요.	Gần lắm. 건 람
여기에서 거기까지 얼마나 걸리나요?	Từ đây đến đó mất bao lâu? 뜨 더이 덴 도 먿 바오 러우
오토바이로 가면 10분 걸려요.	Đi bằng xe máy thì mất khoảng mười phút. 디 방 쌔 마이 티 먿 쾅 므어이 푿
라오까이 가는 표 두 장 주세요.	Cho tôi hai vé đi Lào Cai. 쪼 또이 하이 배 디 라오 까이
소프트 베드 표 두 장 주세요.	Cho tôi hai vé giường nằm mềm. 쪼 또이 하이 배 즈엉 남 멤

track 3-06

회화

[회화 1 택시 이용하기]

A : 안녕하세요. 어디 가세요?

Chào anh/chị. Anh/Chị đi đâu? 짜오 아잉/찌. 아잉/찌 디 더우

B : 안녕하세요. 벤타잉 시장에 가 주세요. 얼마나 걸리나요?

Chào anh/chị. Cho tôi đến chợ Bến Thành. Từ đây đến đó mất bao lâu?
짜오 아잉/찌. 쪼 또이 덴 쩌 벤 타잉. 뜨 더이 덴 도 먿 바오 러우

A : 15분 정도 걸려요.

Mất khoảng mười lăm phút. 먿 쾅 므어이 람 푿

B : 네. 덥네요, 에어컨 좀 켜 주세요.

Vâng. Nóng quá, bật điều hoà giúp tôi nhé. 벙. 농 꽈, 벋 디에우 화 줍 또이 내

[회화 2 길 묻기]

A : 실례지만, 한국대사관이 어디에 있나요?

Xin lỗi, Đại sứ quán Hàn Quốc ở đâu ạ? 씬 로이, 다이 쓰 꽌 한 꿕 어 더우 아

B : 이 길을 따라 직진하세요. 사거리에 도착하면 우회전하세요. 길 오른쪽에 대사관이 보일 거예요.

Anh/Chị đi thẳng theo đường này. Đến ngã tư thì rẽ phải. Anh/Chị sẽ thấy

Đại sứ quán ở bên phải đường. 아잉/찌 디 탕 태오 드엉 나이. 덴 응아 뜨 티 재 파이. 아잉/찌 쌔 터이 다이 쓰 꽌 어 벤 파이 드엉

A : 네, 알겠습니다. 감사합니다.

Vâng, tôi biết rồi. Cảm ơn anh/chị. 벙, 또이 비엗 조이. 깜 언 아잉/찌

알아두면 유용한 팁

택시는 거리에서 직접 잡을 수도 있지만, 여러분이 계신 곳에서 바로 잡을 수도 있어요. 바로 '그랩(Grab)'이라는 어플을 이용하면 되는데요. 목적지에 따른 요금이 바로 계산되어 바가지 쓸 걱정이 없고, 카드 등록을 해 놓으면 잔돈 맞는지 확인할 필요도 없는 너무나 편리한 어플입니다. 베트남 유심으로 어플을 다운 받기는 어려우니 여행 전 한국에서 미리 다운 받으셔야 해요. 최근 공항에서 그랩 기사를 사칭하여 접근하는 경우가 있다고 하니 차량번호와 기사님 얼굴을 확인하고 탑승하세요.

3. 숙박

track 3-07

어휘

호텔	khách sạn 카익 싼	조식	bữa sáng 브어 쌍
5성급 호텔	khách sạn năm sao 카익 싼 남 싸오	열쇠	chìa khoá 찌어 콰
		카드키	khoá thẻ từ 콰 태 뜨
프런트	quầy lễ tân 꿔이 레 떤	모닝콜	dịch vụ báo thức 직 부 바오 특
방	phòng 퐁	세탁 서비스	phục vụ giặt là 푹 부 잗 라
1인실	phòng đơn 퐁 던		
2인실	phòng đôi 퐁 도이	룸서비스	phục vụ phòng 푹 부 퐁
방을 빌리다	thuê phòng 퉤 퐁	화장지	giấy vệ sinh 저이 베 씽
방을 예약하다	đặt phòng 닫 퐁		
1박 2일	hai ngày một đêm 하이 응아이 몯 뎀	수건	khăn tắm 칸 땀
		수영장	bể bơi 베 버이
체크인	nhận phòng 년 퐁	사우나	phòng xông hơi 퐁 쏭 허이
체크아웃	trả phòng 짜 퐁	마사지숍	phòng mát xa 퐁 맏 싸

track 3-08

표현

체크인하고 싶어요.	Tôi muốn nhận phòng. 또이 무온 년 퐁
지금 체크인해도 돼요?	Bây giờ tôi nhận phòng được không? 버이 저 또이 년 퐁 드억 콩

체크아웃은 몇 시예요?	Tôi phải trả phòng lúc mấy giờ? 또이 파이 짜 퐁 룩 머이 저
체크아웃을 3시쯤 할 수 있을까요?	Khoảng ba giờ chiều tôi trả phòng được không? 쾅 바 저 찌에우 또이 짜 퐁 드억 콩
저는 2주일 전에 예약했어요.	Tôi đã đặt phòng hai tuần trước. 또이 다 닫 퐁 하이 뚜언 쯔억
1박에 얼마예요?	Một đêm bao nhiêu tiền? 몯 뎀 바오 녜우 띠엔
아침 식사가 포함되어 있나요?	Có bao gồm cả bữa sáng không? 꼬 바오 곰 까 브어 쌍 콩
조식은 몇 시까지 먹을 수 있나요?	Tôi có thể ăn sáng đến mấy giờ? 또이 꼬 테 안 쌍 덴 머이 저
아침 7시에 깨워 줄 수 있어요?	Anh/Chị đánh thức tôi dậy lúc bảy giờ sáng, được không? 아잉/찌 다잉 특 또이 저이 룩 바이 저 쌍, 드억 콩
무료 와이파이가 있나요?	Có wifi miễn phí không? 꼬 와이파이 미엔 피 콩
방을 바꾸고 싶어요.	Tôi muốn đổi phòng khác. 또이 무온 도이 퐁 칵
옷을 세탁하고 싶어요.	Tôi muốn giặt quần áo. 또이 무온 잗 꿘 아오
내일 아침 8시까지 세탁해 주세요.	Giặt giúp tôi đến tám giờ sáng mai. 잗 줍 또이 덴 땀 저 쌍 마이
뜨거운 물이 안 나와요.	Không có nước nóng. 콩 꼬 느억 농

변기가 막혔어요.	Bồn cầu bị tắc. 본 꺼우 비 딱
수건을 더 가져다주세요.	Anh/Chị mang thêm khăn giúp tôi. 아잉/찌 망 템 칸 줍 또이
텔레비전이 안 나와요.	Ti vi không lên. 띠 비 콩 렌
카드키를 방에 놓고 왔어요.	Tôi để quên khoá thẻ từ trong phòng. 또이 데 꿴 콰 태 뜨 쫑 퐁
룸서비스를 시키고 싶어요.	Tôi muốn gọi dịch vụ phòng. 또이 무온 고이 직 부 퐁
하룻밤 더 묵고 싶어요.	Tôi muốn ở lại thêm một đêm nữa. 또이 무온 어 라이 템 몯 뎀 느어
12시까지 이 짐을 맡아주실 수 있나요?	Anh/Chị trông giúp tôi hành lí này đến mười hai giờ, được không? 아잉/찌 쫑 줍 또이 하잉 리 나이 덴 므어이 하이 저, 드억 콩

회화

[회화 1 방 빌리기]

A : 방을 빌리고 싶어요.

Tôi muốn thuê phòng. 또이 무온 퉤 퐁

B : 1인실이요 아니면 2인실이요?

Anh/Chị muốn thuê phòng đơn hay phòng đôi? 아잉/찌 무온 퉤 퐁 던 하이 퐁 도이

A : 1인실로 주세요. 1박에 얼마인가요?

Cho tôi một phòng đơn. Một đêm bao nhiêu tiền?
쪼 또이 몯 퐁 던. 몯 뎀 바오 녜우 띠엔

B : 70만 동이에요. 얼마나 머무르실 거예요?

Bảy trăm nghìn đồng. Anh/Chị sẽ ở lại bao lâu?
바이 짬 응인 동. 아잉/찌 쌔 어 라이 바오 러우

A : 2박이요.

Tôi sẽ ở lại hai đêm. 또이 쌔 어 라이 하이 뎀

[회화 2 룸서비스 이용하기]

A : 룸서비스입니다. 무엇이 필요하세요?

Tôi ở bộ phận phục vụ phòng. Anh/Chị cần gì ạ?
또이 어 보 펀 푹 부 퐁. 아잉/찌 껀 지 아

B : 710호입니다. 감자튀김 한 접시, 소고기 볶음면 한 접시를 가져다주세요.

Tôi phòng bảy trăm mười. Cho tôi một đĩa khoai tây chiên và một đĩa mì

xào thịt bò. 또이 퐁 바이 짬 므어이. 쪼 또이 몯 디어 콰이 떠이 찌엔 바 몯 디어 미 싸오 틷 보

A : 음료는 무엇으로 하시겠어요?

Anh/Chị uống gì? 아잉/찌 우옹 지

B : 레몬주스 한 잔, 맥주 두 병이요.

Cho tôi một cốc nước chanh và hai chai bia.
쪼 또이 몯 꼭 느억 짜잉 바 하이 짜이 비어

알아두면 유용한 팁

베트남에 팁 문화가 있을까요? 베트남 전반적으로 보면 팁을 주는 문화는 없습니다. 따라서 호텔을 이용할 때도 팁은 투숙객 자유입니다. 객실 청소가 마음에 들었거나 짐을 들어주는 것 등이 고마울 때 등 본인이 서비스에 만족했다면 팁을 건넬 수 있지만 의무적으로 내야하는 것은 아닙니다.

4. 식당

track 3-10

어휘

한국어	베트남어	한국어	베트남어
식당	nhà hàng 냐 항	계산	tính tiền, thanh toán 띵 띠엔, 타잉 딴
요리	món ăn 몬 안	계산서	phiếu thanh toán 피에우 타잉 딴
특선 요리	món ăn đặc biệt 몬 안 닥 비엗	거스름돈	tiền thừa 띠엔 트어
메뉴	menu, thực đơn 특던	영수증	hoá đơn 화 던
먹을 것	đồ ăn 도 안	그릇	bát 받
마실 것	đồ uống 도 우옹	접시	đĩa 디어
죽	cháo 짜오	1인분	một suất 몯 쒿
퍼(쌀국수)	phở 퍼	컵	cốc, li 꼭, 리
소고기 퍼	phở bò 퍼 보	병	chai 짜이
닭고기 퍼	phở gà 퍼 가	캔	lon 론
분짜	bún chả 분 짜	숟가락	thìa 티어
후띠에우	hủ tiếu 후 띠에우	젓가락	đũa 두어
전골	lẩu 러우	물수건	khăn ướt 칸 으얻
생맥주	bia tươi 비어 뜨어이	흡연석	chỗ hút thuốc 쪼 훋 투옥
빈 접시	đĩa không 디어 콩	금연석	chỗ cấm hút thuốc 쪼 껌 훋 투옥
개인 접시	đĩa riêng 디어 지엥		

표현

메뉴 좀 주세요.	Cho tôi menu. 쪼 또이 메뉴
메뉴 좀 보여 주세요.	Cho tôi xem menu. 쪼 또이 쌤 메뉴
여기 주문할게요.	Cho tôi gọi món ăn. 쪼 또이 고이 몬 안
무엇을 드시겠어요?	Anh/Chị dùng gì ạ?, Anh/Chị ăn gì ạ? 아잉/찌 중 지 아, 아잉/찌 안 지 아
무엇을 주문하시겠어요?	Anh/Chị gọi gì? 아잉/찌 고이 지
음료는 뭘로 하시겠어요?	Anh/Chị uống gì ạ? 아잉/찌 우옹 지 아
뭔가 더 주문하시겠어요?	Anh/Chị gọi thêm gì nữa không? 아잉/찌 고이 템 지 느어 콩
오늘의 특선 요리는 무엇인가요?	Món ăn đặc biệt của hôm nay là món gì? 몬 안 닥 비엗 꾸어 홈 나이 라 몬 지
이건 무슨 요리인가요?	Đây là món gì? 더이 라 몬 지
여기에서 가장 맛있는 메뉴는 뭐예요?	Món ngon nhất ở đây là món gì? 몬 응온 녇 어 더이 라 몬 지
퍼 한 그릇 주세요.	Cho tôi một bát phở. 쪼 또이 몯 받 퍼
소고기 퍼요, 아니면 닭고기 퍼요?	Phở bò hay phở gà? 퍼 보 하이 퍼 가

분짜 2인분 주세요.	Cho tôi hai suất bún chả. 쪼 또이 하이 쓸 분짜
향채는 빼 주세요.	Không cho rau thơm. 콩 쪼 자우 텀
고수를 넣지 마세요.	Đừng cho rau mùi nhé. 등 쪼 자우 무이 내
냅킨 좀 주세요.	Cho tôi giấy ăn. 쪼 또이 저이 안
얼음 좀 더 주세요.	Cho tôi thêm đá. 쪼 또이 템 다
너무 짜네요!	Mặn quá! 만 꽈
추가 주문하고 싶어요.	Tôi muốn gọi thêm đồ. 또이 무온 고이 템 도
여기에서 드시나요? 포장해 가시나요?	Anh/Chị ăn ở đây hay mang về? 아잉/찌 안 어 더이 하이 망 베
여기에서 먹을 거예요.	Tôi ăn ở đây. 또이 안 어 더이
가져갈 거예요.	Tôi mang về. 또이 망 베
이 접시 좀 치워주세요.	Dọn giúp tôi cái đĩa này. 존 줍 또이 까이 디어 나이
여기 모두 얼마예요?	Chỗ này tất cả bao nhiêu tiền? 쪼 나이 떧 까 바오 녜우 띠엔
계산해 주세요.	Tính tiền cho tôi. 띵 띠엔 쪼 또이
계산서를 주세요.	Cho tôi xin phiếu thanh toán. 쪼 또이 씬 피에우 타잉 똰

계산이 잘못된 것 같아요.

Hình như thanh toán sai rồi.
힝 니으 타잉 딴 싸이 조이

이 음식은 주문한 적이 없어요.

Tôi không gọi món này. 또이 콩 고이 몬 나이

받은 거스름돈이 모자라요.

Anh/Chị đưa thiếu tiền rồi.
아잉/찌 드어 티에우 띠엔 조이

---

track 3-12

회화

[회화 1 주문하기]

A : 저기요, 메뉴 좀 보여 주세요.

Anh/Chị ơi, cho tôi xem menu. 아잉/찌 어이, 쪼 또이 쌤 메뉴

B : 네, 메뉴 여기 있습니다. 손님 여러분 무엇을 드시겠어요?

Dạ, menu đây ạ. Các anh chị dùng gì ạ? 자, 메뉴 더이 아. 깍 아잉 찌 중 지 아

A : 소고기 퍼 한 그릇, 분짜 2인분, 새우구이 한 접시, 냄짠 두 접시와 공심채마늘볶음 한 접시

주세요.

Cho chúng tôi một bát phở bò, hai suất bún chả, một đĩa tôm nướng, hai đĩa

nem rán và một đĩa rau muống xào tỏi. 또 쭝 또이 몯 받 퍼 보, 하이 쒇 분 짜, 몯 디어
똠 느엉, 하이 디어 냄 잔 바 몯 디어 자우 무옹 싸오 또이

B : 음료 하시겠어요?

Các anh chị có uống gì không? 깍 아잉 찌 꼬 우옹 지 콩

A : 네. 콜라 한 병, 냉차 두 잔과 생맥주 두 잔 주세요.

Có. Cho chúng tôi một chai cola, hai cốc trà đá và hai cốc bia tươi nhé.
꼬. 쪼 쭝 또이 몯 짜이 꼴라, 하이 꼭 짜다 바 하이 꼭 비어 뜨어이 내

B : 네. 잠시만 기다리세요.

Vâng. Anh/Chị chờ một chút. 벙. 아잉/찌 쩌 몯 쭏

[회화 2 계산하기]

A : 저기요, 계산해 주세요. 모두 얼마인가요?

Anh/Chị ơi, tính tiền cho tôi. Tất cả bao nhiêu tiền?
아잉/찌 어이, 띵 띠엔 쪼 또이. 떧 까 바오 녜우 띠엔

B : 네, 모두 6십만 동입니다.

Vâng, tất cả sáu trăm nghìn đồng ạ. 벙, 떧까 싸우 짬 응인 동 아

A : 돈 여기 있습니다. 영수증 주세요.

Tôi gửi tiền. Cho tôi hoá đơn. 또이 그이 띠엔. 쪼 또이 화 던.

B : 네, 알겠습니다. 감사합니다.

Vâng ạ. Cảm ơn anh/chị. 벙 아. 깜 언 아잉/찌

알아두면 유용한 팁

베트남 식당에서는 음식을 다 먹고 계산을 하려고 두리번거려 보아도 계산하는 곳이 보이지 않을 때가 많아요. 따로 카운터를 두고 있지 않은 곳이 많은데요. 그래서 앉은 자리에서 종업원을 불러 계산을 해야 합니다. 이럴 때 쓸 수 있는 표현이 무엇이었죠? 네 바로 Anh/Chị ơi, tính tiền cho tôi.입니다. 꼭 기억해 주세요.

5. 쇼핑

🔊 어휘

시장	chợ 쩌		먹어 보다	ăn thử 안 트
야시장	chợ đêm 쩌 뎀		신어 보다	đi thử 디 트
마트	siêu thị 씨에우 티		(옷을) 입어 보다	mặc thử 막 트
쇼핑몰	trung tâm mua sắm 쭝 떰 무어 쌈		(모자를) 써 보다	đội thử 도이 트
편의점	cửa hàng tiện lợi 끄어 항 띠엔 러이		(목걸이, 팔찌를) 착용해 보다	đeo thử 대오 트
1+1	mua một tặng một 무어 몯 땅 몯		(옷이) 크다	to, rộng 또, 종
신상품	hàng mới về 항 머이 베		(옷이) 끼다	nhỏ, chật 뇨, 쩓
가격	giá (cả) 자 (까)		(옷이) 맞다	vừa 브어
정가	đúng giá 둥 자		신용카드	thẻ tín dụng 태 띤 중
흥정하다	mặc cả 막 까		현금	tiền mặt 띠엔 맏
깎다, 할인하다	bớt, giảm giá 벋, 잠 자		기념품	đồ lưu niệm 도 르우 니엠
쇼핑하다	mua sắm 무어 쌈		아오자이	áo dài 아오 자이
사다	mua 무어		논라	nón (lá) 논 (라)
팔다	bán 반		슬리퍼	dép lê 잽 레
교환	đổi hàng 도이 항		수공예품	hàng thủ công mĩ nghệ 항 투 꽁 미 응에
환불	hoàn lại tiền 환 라이 띠엔		도자기	đồ gốm sứ 도 곰 쓰
			실크 스카프	khăn lụa 칸 루어

말린 과일	hoa quả sấy khô, trái cây sấy khô 화 꽈 써이 코, 짜이 꺼이 써이 코	목걸이	vòng cổ 봉 꼬
		팔찌	vòng tay 봉 따이

track 3-14

표현

무엇이 필요하세요?	Anh/Chị cần gì ạ? 아잉/찌 껀 지 아
그냥 구경하는 거예요.	Tôi chỉ xem thôi. 또이 찌 쌤 토이
기념품을 어디에서 사요?	Mua đồ lưu niệm ở đâu? 무어 도 르우 니엠 어 더우
저것 좀 보여 주세요.	Cho tôi xem cái kia. 쪼 또이 쌤 까이 끼어
입어봐도 될까요?	Tôi mặc thử, được không? 또이 막 트 드억 콩
이것보다 큰 사이즈 있어요?	Có cỡ lớn hơn cái này không? 꼬 꺼 런 헌 까이 나이 콩
다른 색이 있습니까?	Có màu khác không? 꼬 마우 칵 콩
이것은 무엇으로 만들어졌나요?	Cái này được làm bằng gì? 까이 나이 드억 람 방 지
이것은 무엇에 쓰는 물건이에요?	Cái này để làm gì? 까이 나이 데 람 지
이거 얼마예요?	Cái này bao nhiêu tiền? 까이 나이 바오 네우 띠엔

참 예쁘네요.	Đẹp quá! 댑 꽈
너무 비싸네요.	Đắt quá! 닫 꽈
할인해 줄 수 있나요?	Có giảm giá được không? 꼬 잠 자 드억 콩
조금만 깎아 주세요.	Anh/Chị bớt một chút đi. 아잉/찌 벋 몯 쭏 디
여기는 정가로 팔아요.	Ở đây bán đúng giá. 어 더이 반 둥 자
15만 동에 될까요?	Mười lăm nghìn đồng, được không? 므어이 람 응인 동 드억 콩
2만 동 깎아 드릴게요.	Tôi bớt cho anh/chị hai mươi nghìn. 또이 벋 쪼 아잉/찌 하이 므어이 응인
이거 주세요.	Cho tôi cái này. 쪼 또이 까이 나이
다섯 개 주세요.	Cho tôi năm cái. 쪼 또이 남 까이
죄송해요, 품절이에요.	Xin lỗi, hết hàng rồi. 씬 로이, 헫 항 조이
예쁘게 포장해 주세요.	Gói đẹp giúp tôi. 고이 댑 줍 또이
교환하고 싶어요.	Tôi muốn đổi hàng. 또이 무온 도이 항
환불해 주세요.	Anh/Chị hoàn lại tiền giúp tôi. 아잉/찌 환 라이 띠엔 줍 또이

track 3-15

회화

[회화 1 흥정하기]

A : 저기요, 망고 1kg에 얼마예요?

Anh/Chị ơi, bao nhiêu tiền một cân xoài? 아잉/찌 어이, 바오 녜우 띠엔 몯 껀 쏴이

B : 7만 동이에요.

Bảy mươi nghìn đồng. 바이 므어이 응인 동

A : 너무 비싸네요! 할인될까요?

Đắt quá! Có giảm giá không? 닫 꽈! 꼬 잠 자 콩

B : 2kg 사시면 만 동 깎아 드릴게요.

Nếu mua hai cân thì tôi bớt cho mười nghìn.
네우 무어 하이 껀 티 또이 벋 쪼 므어이 응인

A : 네. 그럼 2kg 주세요.

Vâng. Vậy, cho tôi hai cân. 벙. 버이, 쪼 또이 하이 껀

[회화 2 입어보고 구매하기]

A : 이 아오자이 참 예쁘다! 이거 얼마예요?

Chiếc áo dài này đẹp quá! Cái này bao nhiêu tiền?
찌엑 아오 자이 나이 댑 꽈! 까이 나이 바오 녜우 띠엔

B : 80만 동이에요.

Tám trăm nghìn đồng. 땀 짬 응인 동

A : 입어봐도 돼요?

Tôi mặc thử, được không? 또이 막 트 드억 콩

B : 돼요. 탈의실은 저쪽이에요.

Được. Phòng thay đồ ở đằng kia. 드억. 퐁 타이 도 어 당 끼어

(입어본 후) (Sau khi mặc thử) 싸우 키 막 트

A : 아오자이가 아주 잘 맞아요. 이거 주세요.

Tôi mặc áo dài rất vừa. Cho tôi cái này.
또이 막 아오 자이 젇 브어. 쪼 또이 까이 나이

알아두면 유용한 팁

기념품으로 사기 좋은 베트남 특산품 세 가지를 알려드릴게요. 첫 번째로, 이제는 너무나 유명한 커피입니다. 특유의 강하고 진한 맛이 특징이며 가격도 저렴해 지인들에게 선물하기에 좋지요. 두 번째는 실크입니다. 베트남 실크는 섬세한 자수와 화려한 색감으로 인기가 좋은데요. 질 좋은 스카프나 넥타이를 구매하시면 후회하지 않으실 거예요. 세 번째는 대나무 및 목재 제품이에요. 나무로 만든 모자, 그릇, 쟁반, 바구니 등은 실용적이면서 장식용으로도 좋아요.

6. 관광

track 3-16

어휘

안내소	nơi hướng dẫn 너이 흐엉 전	박물관	bảo tàng 바오 땅
가이드	hướng dẫn viên 흐엉 전 비엔	공원	công viên 꽁 비엔
		호수	hồ 호
지도	bản đồ 반 도	바다	biển 비엔
투어	tour 뚜어	해변	bãi biển 바이 비엔
여행	du lịch 주 릭	명승고적	danh lam thắng cảnh 자잉 람 탕 까잉
구경, 관광	tham quan 탐 꽌		
절, 사원	chùa 쭈어	사진 촬영	chụp ảnh 쭙 아잉
사당	đền 덴	화장실	nhà vệ sinh, phòng vệ sinh 냐 베 씽, 퐁 베 씽
호찌밍 주석 묘소	Lăng Chủ tịch Hồ Chí Minh, Lăng Bác 랑 쭈 띡 호 찌 밍, 랑 박		
		입장권	vé vào cửa 배 바오 끄어
대성당	Nhà thờ Lớn 냐 터 런	어른	người lớn 응어이 런
오페라하우스	Nhà hát Lớn 냐 핱 런	아이	trẻ em 째 앰
우체국	bưu điện 브우 디엔	외국인	người nước ngoài 응어이 느억 응와이

track 3-17

표현

시내 지도 한 장 주세요.	Cho tôi một tấm bản đồ thành phố. 쪼 또이 몯 떰 반 도 타잉 포
시내 투어를 하고 싶어요.	Tôi muốn đi tour trong thành phố. 또이 무온 디 뚜어 쫑 타잉 포
할롱베이 투어를 예약하고 싶어요.	Tôi muốn đặt tour du lịch Hạ Long. 또이 무온 닫 뚜어 주릭 하 롱
식비와 입장료가 포함되어 있나요?	Có bao gồm tiền ăn và tiền vé vào cửa không? 꼬 바오 곰 띠엔 안 바 띠엔 배 바오 끄어 콩
여기는 짧은 치마나 민소매 옷을 입으면 안 돼요.	Ở đây không được mặc váy ngắn hay áo sát nách. 어 더이 콩 드억 막 바이 응안 하이 아오 쌋 나익
일부 구역에서는 전화기나 카메라를 사용할 수 없어요.	Có một số khu vực không được dùng điện thoại hoặc máy ảnh. 꼬 몯 쏘 쿠 븍 콩 드억 중 디엔 톼이 확 마이 아잉
버스에 몇 시까지 돌아오면 되나요?	Mấy giờ phải quay lại xe? 머이 저 파이 꽈이 라이 쌔
11시 반까지 돌아오면 됩니다.	Mười một giờ rưỡi quay lại là được. 므어이 몯 저 즈어이 꽈이 라이 라 드억
몇 시에 문을 열어요?	Mấy giờ mở cửa? 머이 저 머 끄어
몇 시에 문을 닫아요?	Mấy giờ đóng cửa? 머이 저 동 끄어
몇 시에 출발하나요?	Mấy giờ xuất phát? 머이 저 쓸 팓

언제 호텔에 도착하나요?	Khi nào về đến khách sạn? 키 나오 베 덴 카익 싼
사진을 찍어도 되나요?	Chụp ảnh có được không? 쭙 아잉 꼬 드억 콩
사진 좀 찍어 주세요.	Chụp giúp tôi kiểu ảnh. 쭙 줍 또이 끼에우 아잉
박물관 휴관일이 언제예요?	Bảo tàng đóng cửa những ngày nào? 바오 땅 동 끄어 니응 응아이 나오
공연이 몇 분짜리예요?	Biểu diễn mất bao nhiêu phút? 비에우 지엔 멑 바오 녜우 푿
한국어로 된 안내서가 있나요?	Có bản hướng dẫn bằng tiếng Hàn không? 꼬 반 흐엉 전 방 띠엥 한 콩
입장료가 얼마예요?	Giá vé vào cửa là bao nhiêu? 자 배 바오 끄어 라 바오 녜우
어른 표 2장, 아이 표 2장 주세요.	Cho tôi hai vé người lớn và hai vé trẻ em. 쪼 또이 하이 배 응어이 런 바 하이 배 째 앰

track 3-18

회화

[회화 1 호찌밍 주석 묘소 방문하기]

A : 호찌밍 주석 묘소를 방문하고 싶어요. 묘소는 어디에 있나요?

   Tôi muốn đi thăm Lăng Bác. Lăng Bác ở đâu? 또이 무온 디 탐 랑 박. 랑 박 어 더우

B : 바딩 광장에 있어요. 매주 월요일과 금요일에는 문을 닫아요.

   Lăng Bác ở Quảng trường Ba Đình. Lăng đóng cửa vào thứ Hai và thứ Sáu

   hằng tuần. 랑 박 어 꽝 쯔엉 바 딩. 랑 동 끄어 바오 트 하이 바 트 싸우 항 뚜언

A : 방문할 때 주의할 점이 있나요?

   Khi vào thăm, có cần chú ý gì không? 키 바오 탐, 꼬 껀 쭈 이 지 콩

B : 있어요. 짧은 치마나 민소매 옷을 입으면 안 돼요. 일부 구역에서는 전화기나 카메라를 사용할

   수 없어요.

   Có. Không được mặc váy ngắn hay áo sát nách. Không được sử dụng điện

   thoại hay máy ảnh tại một số khu vực. 꼬. 콩 드억 막 바이 응안 하이 아오 쌋 나익. 콩

   드억 쓰 중 디엔 톼이 하이 마이 아잉 따이 몯 쏘 쿠 븍

[회화 2 할롱베이 투어 예약하기]

A : 할롱베이 1박 2일 투어를 예약하고 싶어요.

   Tôi muốn đặt tour du lịch Hạ Long hai ngày một đêm.
   또이 무온 닫 뚜어 주릭 하 롱 하이 응아이 몯 뎀

B : 몇 분이, 언제 가실 거예요?

   Có mấy người và đi vào ngày nào? 꼬 머이 응어이 바 디 바오 응아이 나오

A : 두 명이, 이번 주말에 갈 거예요.

   Có hai người, đi vào cuối tuần này. 꼬 하이 응어이. 디 바오 꾸오이 뚜언 나이

B : 배에서 주무시는 투어, 호텔에서 주무시는 투어. 어느 것으로 하시겠어요?

   Có tour ngủ trên tàu hoặc ngủ tại khách sạn, anh/chị chọn loại nào?
   꼬 뚜어 응우 쩬 따우 확 응우 따이 카익 싼, 아잉/찌 쫀 로아이 나오

A : 배에서 자는 투어로 할게요. 투어 가격에 식비와 입장료가 포함되어 있나요?

Ngủ trên tàu. Giá tour có bao gồm các bữa ăn và vé vào cửa không?

응우 쩬 따우. 자 뚜어 꼬 바오 곰 깍 브어 안 바 배 바오 끄어 콩

B : 네. 여행 보험과 카약 체험비도 포함되어 있어요.

Vâng. Còn bao gồm cả bảo hiểm du lịch và vé chèo thuyền kayak nữa.

벙. 꼰 바오 곰 까 바오 히엠 주 릭 바 배 째오 투옌 까약 느어

알아두면 유용한 팁

베트남을 여행하기에 언제가 가장 좋은 시기일까요? 베트남은 남북으로 약 1,700km 가량 길게 뻗어 있어 기후의 편차가 큰 나라입니다. 따라서 북, 중, 남부로 나누어 알려드릴게요. 북부지역은 10~11월, 중부지역은 2~5월, 남부지역은 12~4월에 가시면 비도 거의 내리지 않고 아주 더운 시기도 피하게 되어 수월하게 여행하실 수 있습니다. 대략적으로 한국이 추울 때 베트남에 가면 좋다! 라고 생각하시면 돼요.

7. 긴급상황

track 3-19

어휘

대사관	đại sứ quán 다이 쓰 꽌	경찰서	đồn công an 돈 꽁 안	
영사관	lãnh sự quán 라잉 쓰 꽌	교통사고	tai nạn giao thông 따이 난 자오 통	
지갑	ví 비	구급차	xe cấp cứu 쌔 껍 끄우	
휴대폰	điện thoại di động 디엔 톼이 지 동	병원	bệnh viện 베잉 비엔	
전화번호	số điện thoại 쏘 디엔 톼이	처방전	đơn thuốc 던 투옥	
		약국	hiệu thuốc 히에우 투옥	
도난	mất trộm 멑 쫌	의사	bác sĩ 박 씨	
분실	mất đồ 멑 도	간호사	y tá 이 따	

track 3-20

표현

좀 안 좋아 보여요.	Trông anh/chị không khoẻ lắm. 쫑 아잉/찌 콩 쾌 람
무슨 문제가 있으세요?	Anh/Chị có vấn đề gì không? 아잉/찌 꼬 번 데 지 콩
무슨 일이세요?	Anh/Chị có chuyện gì thế? 아잉/찌 꼬 쭈옌 지 테
왜 그러세요?	Anh/Chị bị sao thế? 아잉/찌 비 싸오 테

택시 안에 휴대폰을 두고 내렸어요.	Tôi để quên điện thoại trên taxi. 또이 데 꿴 디엔 타이 쩬 딱 씨
가방을 잃어버렸어요.	Tôi bị mất túi xách. 또이 비 멀 뚜이 싸익
어디에서 잃어버렸어요?	Anh/Chị bị mất ở đâu? 아잉/찌 비 멀 어 더우
어디에서 잃어버렸는지 모르겠어요.	Tôi không biết đã bị mất ở đâu. 또이 콩 비엣 다 비 멀 어 더우
지갑을 도둑맞았어요.	Tôi bị mất trộm ví rồi. 또이 비 멀 쯤 비 조이
여권을 잃어버렸어요.	Tôi bị mất hộ chiếu. 또이 비 멀 호 찌에우
여권을 재발급받아야 해요.	Tôi phải xin cấp lại hộ chiếu. 또이 파이 씬 껍 라이 호 찌에우
한국대사관이 어디에 있어요?	Đại sứ quán Hàn Quốc ở đâu? 다이 쓰 꽌 한 꿕 어 더우
좀 더 천천히 말씀해 주시겠습니까?	Anh/Chị nói chậm hơn một chút, được không? 아잉/찌 노이 쩜 헌 몯 쭏 드억 콩
어디가 불편하세요?	Anh/Chị thấy khó chịu ở đâu? 아잉/찌 터이 코 찌우 어 더우
어디 안 좋으세요?	Anh/Chị bị làm sao? 아잉/찌 비 람 싸오
갑자기 배가 아픕니다.	Tự nhiên tôi bị đau bụng. 뜨 니엔 또이 비 다우 붕
머리가 쑤셔요.	Tôi bị nhức đầu. 또이 비 니윽 더우

발목을 삐었어요.	Tôi bị trẹo cổ chân. 또이 비 째오 꼬 쩐
가까운 병원이 있나요?	Gần đây có bệnh viện nào không? 건 더이 꼬 베잉 비엔 나오 콩
근처에 약국이 있나요?	Gần đây có hiệu thuốc nào không? 건 더이 꼬 히에우 투옥 나오 콩
구급차를 불러 주세요.	Gọi xe cấp cứu giúp tôi. 고이 쌔 껍 끄우 줍 또이

track 3-21

회화

[회화 1 여권 분실]

A : 무슨 일이세요?

Anh/Chị có chuyện gì thế? 아잉/찌 꼬 쭈옌 지 테

B : 여권을 잃어버렸어요.

Tôi bị mất hộ chiếu. 또이 비 멀 호 찌에우

A : 어디에서 잃어버렸어요?

Anh/Chị bị mất ở đâu? 아잉/찌 비 멀 어 더우

B : 어디에서 잃어버렸는지 모르겠어요.

Tôi không biết đã bị mất ở đâu. 또이 콩 비엘 다 비 멀 어 더우

A : 빨리 한국대사관에 가서 재발급 신청하세요.

Hãy nhanh chóng đến Đại sứ quán Hàn Quốc để xin cấp lại.
하이 냐잉 쫑 덴 다이 쓰 꽌 한 꿕 데 씬 껍 라이

[회화 2 소화 불량]

A : 어디 불편하세요? 좀 안 좋아 보여요.

Anh/Chị bị làm sao? Trông anh/chị không khoẻ lắm.

아잉/찌 비 람 싸오? 쫑 아잉/찌 콩 쾌 람

B : 네. 소화가 좀 안 되는 것 같아요. 혹시 소화제 있으세요?

Vâng, hình như tôi bị khó tiêu. Anh/Chị có thuốc tiêu hoá không?

벙, 힝 니으 또이 비 코 띠에우. 아잉/찌 꼬 투옥 띠에우 화 콩

A : 저는 없는데, 가이드에게 있는지 물어볼게요.

Tôi không có, nhưng để tôi hỏi hướng dẫn viên xem có thuốc không.

또이 콩 꼬, 니응 데 또이 호이 흐엉 전 비엔 쌤 꼬 투옥 콩

B : 네, 감사합니다.

Vâng, cảm ơn anh/chị. 벙, 깜 언 아잉/찌

알아두면 유용한 팁

급한 사정이 생겨 주 베트남 한국 대사관 혹은 영사관에 연락해야 되는데 베트남 현지 번호가 없을 때는 '영사콜센터 무료전화' 어플을 다운 받으세요. Wi-fi등 인터넷 환경에서는 별도의 음성 통화료 없이 무료로 영사콜센터 상담 전화를 사용할 수 있으며, '카카오톡 상담 연결하기'등 각종 서비스를 제공 받으실 수 있어요.

memo

memo